chili verlag

Anant Kumar

Chili Chicken

alte & neue Satiren

mit
12 Zeichnungen
von
Ulrich Suberg

chiliverlag

Zuletzt im chiliverlag erschienen:
Morden – Kurzkrimis, Marc Mandel, 2014
Tag des Zitronenfalters – Kurzgeschichten, Norbert J. Wiegelmann2014
Jetzt anders! – Ein Lesebuch voller Vielfalt und für Toleranz, 2014
Brombeerrausch – raja chili: HOT! Erotikanthologie, 2014
DEUS IUDEX MEUS – Nur Gott ist mein Richter, Ralf Seeger,2014
Akte 7 – Anatomie des Übels, Franziska Dannheim, 2014
Wut, Mut & Herz-Tattoos, Bühnentexte von Michel Pauwels, 2014
nacktschmecken (FSK) – Erotische Geschichten, Maria Mariposa, 2014
Glasaugenstern – 101 Gedichte von Alex Dreppec, 2015
Strohblumenstörung – Politische Dichtung der Gegenwart, 2015
Vorübergehend nicht erreichbar – Über Kontaktabbrüche zwischen Kindern und Eltern, 2015
PSYCHONYMOUS – Vergeltung, Kurzgeschichten, 2015

1. Auflage April 2015

franchili / 25

Detaillierte bibliographische Daten sind unter http://dnb.ddb.de bei der Deutschen Nationalbibliographie abrufbar.

Lektorat, Gestaltung, Layout: chiliverlag
Coverfoto: Sabina Kowalewski, bearb. Franziska Röchter
Titel: chililiverlag (c)

ISBN 978-3-943292-27-5 www.chiliverlag.de

"Change is one thing.

Acceptance is another."

Arundhati Roy, The God of Small Things

Inhalt

Editorische Notiz

Die ersten 25 Texte dieses Satirebands erschienen im Jahr 2005 in einem engagierten Kleinverlag (FFF Fünf Finger Ferlag Leipzig) und erhielten beachtliche Resonanz.

In den hier vorliegenden komplett überarbeiteten und erweiterten Sammelband wurden zusätzlich 16 neuere Texte aufgenommen. Ebenfalls enthält das Buch 12 Zeichnungen von Ulrich Suberg.

Der korrekte Bürger in der sittsamen Bahn

In Kassel, auf dem freundlichsten Bahnhof der Welt, kaufe ich zeitig die Fahrkarte und laufe hinunter zum Gleis. Das Laufen nützt mir jedoch wenig. Zu meinem Bedauern stelle ich fest, dass mein Transporter, ICE 573 Carola Wilhelmina (also genauer: eine Transporterin!), eine Verspätung hat:

ICE 573 Carola Wilhelmina	Etwa 25 Min. später
Berlin Ostbahnhof	

Unermesslich sauer (innerlich die Bahn anmaulend) laufe ich zum Sammelpunkt, also zum Service Point, zurück, und erkundige mich zuerst als ein korrekter Bürger der deutschen Gesellschaft nach den Entschädigungsmöglichkeiten. Weder mein junges Gesicht noch meine ausländische Herkunft (im Zusammenhang der gestellten Frage) wundern die freundliche Bahnangestellte. Sie erklärt mir stressfrei, falls der ICE noch am Zielbahnhof, in meinem Fall Berlin-Zoo, über 30 Minuten Verspätung haben würde, hätte ich Recht auf eine 10€-Entschädigung beim Einkauf des nächsten Transportscheins (die Angestellte sagt „Fahrkarte").

„Aha, 10€!", geilt mich heute die Vorstellung dieser Summe auf.

„Dann soll sich die Lokomotive ruhig 30 Minuten (eigentlich noch fünf Minuten) verspäten!", grinst die innere Stimme, und sie freut sich tückisch. Ich maule die Bahn nicht mehr an. Jetzt mag ich sie wieder.

Da genug Zeit vorhanden ist, gehe ich zu einem Münzapparat, um meine Kontaktperson in Brandenburg an der Havel zu benachrichtigen, dass ich wegen einer gewöhnlichen Bahnangelegenheit eventuell eine halbe Stunde später um 18.37 Uhr eintreffen werde. Das Telefonat klappt, und meine Kontaktperson zeigt ihr äußerstes Verständnis für das Gebaren der Bahn. Der gute Mensch erzählt mir in seinem Eifer etwas von seiner Erfahrung mit dem Schienenersatzverkehr. „Soooo weit sind wir noch nicht – es wird schon klappen", tröste ich die auf mich wartende Person.

„Es geht doch! ... Alles gut organisiert! ...", brüstet sich die Stimme.

„Wow! So viele freie Plätze!"

Als korrekter Bürger belege ich hurtig eine freie Vierer-Ecke und strecke mich hin. Den Musikkopfhörer, den innigen Reisegenossen, habe ich diesmal nicht vergessen (dafür Stullen auf dem Küchentisch und die Brotdose). Ich stecke den Stecker hinein und etwas kreischt in meinem Ohr. „Das liegt vielleicht an diesem einen Kanal." Lächelnd zappe ich hin und her durch die acht Kanäle des ICE und stelle den Unterschied fest: Das Kreischen wird mehr und weniger. Ich gebe dem im Zug aufgefundenen Kopfhörer Schuld: „Der Kopfhörer ist alt. ... Es liegt daran. ... Du musst einen neuen guten kaufen", beruhige ich meinen fragenden Geist.

Inzwischen sehe ich auch den Kontrolleur und frage ihn nach dem Verspätungsstand. „Sie schaffen den Anschluss in Berlin-Zoo nicht", äußert er die Worte, die sowieso in meinem Kopf herumschwirren (Verspätung-Zehneuro! ... Zehneuro-Verspätung!); der Bahnmann ist freundlich.

„Könnte ich kurz meine Kontaktperson anrufen, die mich in Brandenburg abholen wird?"

„Gehen Sie ein paar Wagen weiter zum Zugchef! Von da aus können Sie anrufen!" Bevor ich „Danke!" sage, beschwert sich ein zweiter Musikliebhaber über die kreischenden Geräusche.

„Das Ding ist in einem Kasten eingesperrt. Und wir kommen nicht ran."

„Aber! ...", möchte der Gast hessischer Herkunft weiter ein wenig meckern, aber er weiß nicht wie. Ihm fehlen die Argumente.

Ich hätte ihm, dem Hessen, gerne den Beistand (bei der Beschwerde) geleistet, würde mich jetzt nicht meine neue Feststellung beschäftigen: „Also, mein im Zug aufgefundener Kopfhörer ist doch nicht alt und doch nicht kaputt ... Ich brauche kein Geld für einen neuen auszugeben ... Ich bin ein wahrer Glückspilz."

Benommen (halb von der Verspätung und halb von meinem Kopfhörer) tänzele ich durch die Zugwagen auf der Suche nach dem Zugchef. Ich sehe einen zweiten Kontrolleur: eine stämmige, kleinwüchsige Frau. In meiner Unentschlossenheit mache ich den Fehler, dass ich der Zugdame, jener Person, die mir später mein Fell über die Ohren ziehen wird, mein Anliegen erörtere:

„Entschuldigen Sie, wo ist das Abteil des Zugchefs?"

„Worum geht es? Vielleicht kann ich Ihnen helfen!"

„Ich muss wegen der Verspätung jemanden anrufen, weil ich den Anschluss in Berlin-Zoo nicht schaffe."

„Nee! Nee! Wir haben keine große Verspätung." Die Chefin ist anderer Meinung. „Und die paar Minuten werden wir bis dahin aufholen ... Und wenn nicht, komme ich zu Ihnen ... Wo sitzen Sie?"

Die Chefin schickt mich zu meinem Sitzplatz zurück. Ich bin ein wenig verunsichert. Wegen ihrer direkten Sätze kommt mir die gewichtige Frau noch schwerer vor.

„Gut, dass ich Holger nicht angerufen habe. Sonst wäre eine zusätzliche Verwirrung entstanden. Also, ich werde doch pünktlich ankommen." Inzwischen ist mein 10€-Gedanke entschwunden. Ich schaue ohne Musik zum Fenster hinaus und versuche mich abzulenken. Ich verwandele mich in einen kleinen Landschaftsmaler und sehe lauter Porträts: ländliche Kuhweiden, weiße argentinische Federwolken, unterbrochen durch viele ICE-Tunnels.

In Braunschweig kommt die Schaffnerchefin und teilt mir nüchtern mit: „Sie werden leider den Anschluss in Berlin-Zoo nicht kriegen!"

„Schade, kann ich bitte vom Zug aus meine Kontaktperson anrufen?"

„Nein, ich habe kein Handy!", sagt die Chefin und mustert mich dabei genauer: *Ist er ein Inder? Oder ist er ein Mexikaner? Lange Haare ... Sieht gar nicht schlecht aus! ... Hat bestimmt eine blonde Schnecke irgendwo? ... Spricht gutes Deutsch! ... Meiner sprach gar kein Deutsch ... Arm sieht er auch nicht aus ... Sehr selbstbewusst! ... Gehört bestimmt zu den reichen Indern, die die Armen ausbeuten ... Sein Vater hat bestimmt einen Palast ... Vielleicht hat er auch Tiger – wie Saddam ...*"

„Aber ...", störe ich die Frau beim Fantasieren und argumentiere: „ ...bis jetzt konnte ich immer im Verspätungsfall über Zugpersonal anrufen!"

Das Fantasieren wirkt. Die gewichtige Frau wird direkter und deutlicher: „Manche Schaffner haben ein Handy. Ich habe keins." Dabei hebt sie ihre Uniformjacke links und rechts, und wenn ich alles richtig sehe, dreht sie sich ein bisschen auf der Stelle. Gezwungenermaßen nehme ich ihren fülligen Bauch und ihre dicken kleinen Oberschenkel wahr. Ich möchte Luft.

„Hmm!"

Als letztes überfällt mich inzwischen die vergessene Ur-Idee, und ich frage sie, äußerlich ernst: „Kriege ich dann eine Entschädigung von der Bahn?"

„Nein!", möchte die Chefin ihr Unternehmen vor Schmarotzern schützen.

„Aber man sagte mir ... 30 Minuten ..."

„Ja, aber soviel Verspätung werden wir nicht haben.

Zurzeit haben wir gerade 25 Minuten." Und weg ist die Chefin.

„Boah! ... Sie stand aber verdammt lange bei mir! ... Warum?" Ich bin total niedergeschlagen. Ich fühle mich schlecht. Ich komme mir wie eine Pellkartoffel vor.

Ich hole mein Gepäck herunter. Wir erreichen Berlin-Zoo. Beim Ausgang stehe ich links. Nach einer Weile fällt mir auf, dass die Menschenmenge samt Schaffner eher rechts steht. Ich schaue auf das Informationstäfelchen: Aussteigen Fahrtrichtung rechts. In meiner Irritation harre ich auf meinem Platz und schaue weg. Mein Transporter fährt ein – mit einer weiteren Überraschung. Zwar macht der Schaffner ein schiefes Gesicht, aber das Gleis, der Bahnsteig, befindet sich trotzdem auf meiner Seite. Die Stimme sagt mir schmunzelnd: Du bist der Erste. Die Bahn hat sich überlegt, die Laune ihres indischen Gasts zu ermuntern. Wer weiß, er ist ein kleiner Maharadscha und hat einen Palast und zwei bengalische Tiger.

Ich steige aus und bahne meinen Weg durch das Gedränge zum Service-Point (für mich jetzt: zur Kasse). Ich begrüße die Dame und teile ihr ernst, nüchtern mit: „Entschuldigen Sie, mein Zug hatte Verspätung, und ich habe den Anschluss verpasst."

„Wie lange?"

„Um 35 Minuten! ... Ich komme direkt zu Ihnen." Ich übergebe ihr meine Fahrkarte.

„Gut! Sie kriegen von uns einen Gutschein von €10, stempelt die Angestellte den Schein.

Der Maharadscha nimmt ihn dankend entgegen und geht zur nächsten freien Ecke, um anständig alleine zu lachen: Ich bin ein korrekter Bürger, ich habe 10 Euro, davon kaufe ich mir drei Kilo Hühner ...

An der Haltestelle,
wenn es regnet

Es nieselt,
und es stehen sechs Menschen.
Der ältere Kranke stützt sich
auf seinen Stock –
sprachlos, ächzend.
In einer Hand ein grauer A4-Umschlag.
Darin eine Röntgenaufnahme.
Ein Arschloch.

Es nieselt,
und es stehen sechs Menschen.
Der ältere Kranke stützt sich
auf seinen Stock –
sprachlos, ächzend, frierend.
In einer Hand ein grauer A4-Umschlag.
Darin eine Röntgenaufnahme.
Ein Arschloch.

Es nieselt noch,
und es stehen sechs Menschen.
Die Studentinnen in H&M-Kostümen
hören mal die Gespräche –
nehmen mal das Klagen wahr.
Und sie schimpfen abwechselnd:
Scheißwetter!
Arschloch.

Erstaunen

An der Haltestelle gestern
kam ein Junge auf mich zu
und fragte mich:
„Entschuldigen Sie!
Wie früh haben wir es jetzt?“
„Fünf vor halb!“
Der Junge dankte
und ging weiter,
seinen Basketball dribbelnd.

In der Wilhelm-Busch-Straße heute
hielt neben mir ein Wagen an,
und ein nervöses Gesicht fragte mich:
„Hallo! Du! Deutsch verstehen?“
Ich blieb stehen und staunte.
Mein Staunen war vielleicht lang.
Und seine Zeit vielleicht zu knapp.
Daher zischte der BMW-Fahrer ein „Ach!“
und fuhr weiter.
Ich stand noch da
und staunte weiter.

Die kriminellen Latscher

Der anständige Teil – I
(**für die Mündigen**)

Meine Mutter ging sehr unterschiedlich. Sie ging mit dem Vater absichtlich langsam, um ihn zu ärgern. Und es gelang ihr. Der drehte sich gezwungenermaßen immer wieder um und sah sie gemächlich weit hinterherlatschen. Er wurde wütend und sagte uns, böse und zugleich anflehend: „Sagt eurer Mutter, sie muss sich bitte beeilen. Sonst drehe ich durch!" Die Nachricht wurde von uns an die Mutter weitergegeben. Jene Aufforderung zeigte ihre Wirkung: Die Mutter ging noch langsamer.

Die Mutter ging auch extra langsam, als sie mit meinen Schwestern unterwegs war. Und sie verstand sich mit meinen Schwestern, mit ihren Töchtern, immer sehr schlecht. In den Tagen, als die beiden Parteien auf dem Kriegsfuß standen, gingen sie auf der Straße völlig getrennt: Töchter links – Mutter rechts, Mutter links – Töchter rechts. Ich ging zickzack zwischen links und rechts und versuchte sie alle in Richtung nach Haus zu manövrieren. Besonders gefährlich wurde es, wenn mitten auf der Straße die Hasstiraden kreuz und quer flogen.

Der anständige Teil – II
(**für die Übermündigen**)

Die Tante aus der Nachbarschaft ging viel flotter. Aber es half ihr auch wenig, weil sie mit einem Mann verheiratet war, der noch flotter lief. Hinzu kam, dass der Gute unter Schwerhörigkeit litt und dazu neigte, in sich versunken über Diesseits und Jenseits zu philosophieren.

Vielleicht hängen Philosophieren und Taubsein doch miteinander zusammen.

Am Bahnhof von Muzzaffarpur stieg die Familie aus einem überfüllten indischen Zug aus. Aus einem philosophischen Grund ging der Onkel sofort im Galopp. Die Tante nahm den Sohn an die Hand und gab Gas. Aber sie musste bald einsehen, dass die Entfernung zwischen ihr und ihrem Gatten im Menschengewühl immer größer wurde. Und als eine gesittete Inderin war es ihr peinlich, unter dem Volk nach ihrem Mann herumzuschreien. Schade eigentlich, weil die Stimme der Tante eher zum Kontrabass neigte. Diese Aufgabe übergab sie dem Kleinen: „Sag dem Papa laut, dass er ein wenig langsamer laufen soll. Wir können ihm nicht folgen.“ Der Kleine schrie so laut, wie er konnte, und sein Papa trabte weiter im Galopp (Ich bin mir nicht sicher, ob der Philosoph und der Papa die Rufe doch nicht ein wenig ignorierten). Jedenfalls ging die Anekdote weiter so aus, dass der galoppierende Mann letztendlich verscholl.

Und ich weiß nicht, ob der Onkel wiederaufgefunden wurde. Vielleicht ist der Tante ihr Mann doch abhanden gekommen. Gut so! Es sollen noch mehr Ehemänner ihren Frauen abhanden kommen. Gut für die Frau. Gut für Indien. Gut für die Welt.

Der schmutzige Teil – I
(für die **Vormündigen**)

Ein arabischer Bekannter erzählte mir eine Anekdote: Sein Landsmann verbrachte seine ersten Tage in Deutschland. Damals waren die Sprachkenntnisse des Fremden sehr dürftig.

Eines Tages prallte er aus Versehen mit einem älteren Herrn in einer Unterführung am Holländischen Platz zusammen:

„Hey, junger Mann! Rechts laufen ... Deutschland ... Rechts gehen!“

„Bei uns ... links!“, stotterte der Ausländer.

„Du Tollpatsch! ... Rechtsverkehr! ... In Deutschland Rechtsverkehr!“, regte sich der ältere Herr auf.

„Du Schwein!“, schrie der Ausländer und rannte davon.

Warum der arabische Junge den älteren Herrn auf einmal als „Schwein“ beschimpfte, entnehme der Leser bitte der folgenden Erklärung, die er uns nachträglich lieferte:

In seiner Neugier und Vereinsamung hatte der Ausländer in Kinos mit Filmen verbracht, bei denen die Kommunikation und die Sprache eine untergeordnete Rolle spielen. Jedoch wurden manche Begriffe durch ihre Wiederholungen und zugleich durch ihre zahlreichen Exemplifizierungen im fremden Kopf eingebrannt – in den Speicherkatalog „Scheiß-Deutschland! und Scheiß-Deutsche!“ Das Kompositum „**AAAA-Verkehr**“ zählte zu ihnen.

Als der ältere Herr in der Unterführung wiederholt auf „Rechts**verkehr**! Rechts**verkehr**!“ beharrte, verstand der Araber reflexartig „**AAAA-Verkehr**!“ So dachte er wütend zu sich in seiner Ver- und Entfremdung, dass der „perverse“ Alte ihn, den „Jüngeren“, fi... / vög... / bum... wollte – wie im Kino am Königsplatz!

Der schmutzige Teil – II
(**für die Vollmündigen**)

Es ist ein angenehmer Sonntagvormittag. Ich bin durch die Gegend gejoggt und kehre nach Hause zurück. Siehe da: Eine Schar älterer Damen (dazwischen ältere Kerle, ihre Lovers!) steht auf der alten Drahtbrücke. Ein Dutzend Volk mitten auf der schmalen Brücke! Ich, der Jogger, drängle vorsichtig durch und schreie ab und an: „Hallo! Hallo! ... Darf ich mal durch? ... Hallo!“

„Huch!“, erschrickt sich eine Alte, als sie plötzlich neben sich einen kräftigen, kakaobraunen Mann sieht. Ihre Kumpanin, eine andere Alte, die auch die Bittrufe vernommen hat, dreht sich um und mustert den muskulösen Körper des Joggers genauer: „Na und? Haben Sie eine Klingel?“, faucht sie den vorbeijoggenden ausländisch aussehenden Mann an. Der Jogger hört die ihm zugeworfenen Komplimente aus 20 Meter Abstand an und sagt (zu sich) laut: „Nicht zu fassen! Verrückte Welt! ... Frustrierte Alte!“

Nach zwei Tagen geht dem Jogger die Klingelgeschichte immer noch durch den Kopf: *Wieso kam die Alte auf die Klingel? Der Jogger ist doch kein Fahrrad? Warum haben die beiden alten Damen seinen halbnackten Körper genauer von oben nach unten angesehen?* Der Jogger philosophiert eine Weile über diese weltbewegenden Fragen. Und da er als junger Mann dieser Gesellschaft viele Erkenntnisse gesammelt haben soll, zieht der moderne Erkenntnistheoretiker eine weitere Erkenntnis: *Die heutigen Alten sind pervers. Die Alte hatte nach unten auf seine kurze Hose geschaut, und dann kam sie auf „Klingel“. Gleich danach haben ein paar alte Schweine auch gekichert. ... Aber meinte sie mit der Klingel das große Mannesteil oder eher ein kleines?*, brodeln jetzt die Fragen ernsthaft im Kopf des Mannes.

Ich denke, dass mit der Klingel eher der kleine Penis gemeint war, denn das Wort gilt auch als Analogie für Impotenz. Und die Frauen mögen impotente Männer und ihre kleinen Schwänzchen. Sie mögen auch die größeren Männerteile. Manchmal.

Und wehe, wenn ich das nächste Mal auf der alten Drahtbrücke jogge! Ich werde leise an den alten Damen, meinen Freundinnen, vorbeilatschen, wobei auf dem Wasser unter der Brücke Gänse gackern dürfen.

Die Fliege wechselt ihren Platz

In den Neunzigern,
als in Tschetschenien, das heißt in Russland,
die Kriegsflammen den Himmel beleuchteten,
stellte sich ein Russe, das heißt, ein Tschetschene,
dem Sozialamt Offenburg vor.

In der Pause!

Der war um 50 –
Ein Einbeiniger!

Ein Gag! Ein Lachobjekt!

Seine Gebisse waren beschädigt,
und seine Leber schimmelte.
Und der Russe wollte beides haben –
vom Sozialamt Offenburg.

Von unserem Sozialstaat!

Das empörte Bianca S. –
wiederum.
„Ich zahle Ihren Lebensunterhalt,
und nicht Ihre Sauferei!"
fertigte ihn Bianca S. ab.

Den Säufer-Russen!

Nun war dieser auch schlau –
wie alle, die hierher kommen.
Seine Gebisse wurden ersetzt,
und die Zahnarztrechnung landete im Sozialamt
mit der Meldung,
dass sich der Russe auf Intensivstation befände –

samt seiner neuen Leber.
Bianca S. bekam Wutanfall.
Auch Durchfall!

Soviel Glück konnte der Russe
nicht auf einmal verkraften,
und er starb auf der Station am zweiten Tag –
hinterließ
eine Frau mit Goldzähnen,
die hysterisch heulte.
Sie störte uns – die Schmarotzerin!

Das Sozialamt Offenburg bebte –
vor diesen Rechnungen!
Alle Mitarbeiter legten eine Sonderpause ein,
in der manche rülpsten, manche furzten:
ihre Gelder – ihre Wut!
Für die Schmarotzer!

Bianca S. ist 33, Single, und trinkt viel.
Sie hat zwei Geschwister:
Die ältere Schwester studiert Sozialwesen in Kassel.
Der Bruder bleibt im Heim – noch ein Jahr!
Ihre Eltern, Frau und Herr S., wohnen auf dem Lande.
Sie engagieren sich für das Gemeinwohl.
Für das Wohl des Vaterlands!

Sie regen sich bis heute verbittert auf –
über Geldhaufen und die neue Leber,
die der Schmarotzer-Russe mit sich
ins Grab mitgenommen hat.
Biancas Gelder!

Bianca arbeitet noch auf dem Sozialamt –
für die Asylanten-Schmarotzer!
Sie erzählt mir Schmarotzer-Geschichten!
Und wir zahlen –

unsere Steuergelder!
Manche regen sich zurzeit auf –
sie tun etwas.
Und wenn nicht das,
dann schütteln sie ihre Köpfe,
so wechselt die Fliege ihren Platz –
von der Nase
auf unseren Arsch.

Auf den Arsch!

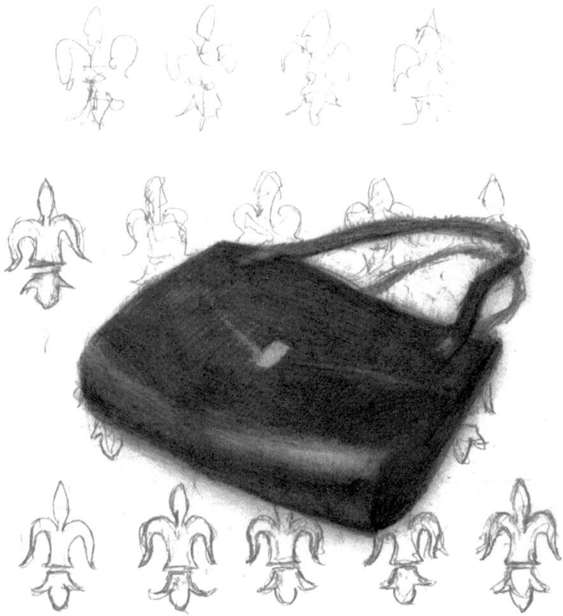

Albtraum einer Handtasche

Sie zeichnet sich durch zwei Beiwörter aus: tragbar und klein. Ja, die beiden sind wesentlich für sie. Blieben wir beim ersten Epitheton „tragbar“, müssten wir auch den handlichen Aldi-Beutel berücksichtigen. Die blaue Tasche ist äußerst tragbar. Sonst würden nicht täglich Tausend Tonnen Kartoffeln, Zwiebeln und Aldi-Milch von wahren Mitgliedern unserer halb multikulturellen Gesellschaft getragen. Aber das Defizit dieses äußerst praktischen Transporteurs besteht in seiner Größe. Jene Tasche ist halt groß. Sogar so groß, dass sie in unserer Psyche das Image eines Koffers erweckt, sobald sie von den gelassenen, nicht dürren Frauen aus Ankara und Istanbul getragen wird. Also, wir fassen zusammen: Eine handliche Aldi-Handtasche mit Handgriffen ist längst keine Handtasche, weil sie zwar handlich und tragbar ist, aber nicht klein genug, um als eine Handtasche bezeichnet zu werden. Sie ist halt eine tragbare, viel gebrauchte Tüte zwischen Handtasche und Türkenkoffer.

Aber wir bleiben beim Hauptthema „Die Handtasche“. DIE HANDTASCHE = DIE KLEINE TRAGBARE TASCHE! Einer älteren Dame. Einer modebewussten Bestsellerautorin. Einer jungen Studentin ...

Und da ich ein junger Dandy und obendrein nochmals Student geworden bin, interessiert mich am meisten die Handtasche einer modischen Frau, einer hübschen jungen Studentin. Ich frage mich: Was enthält und verbirgt diese rote, erotische Lacktasche, der es gelingt, meine Aufmerksamkeit auf sich zu lenken? Und ich beginne zu phantasieren: Schmuckaccessoires? ... Lippenstifte, Rouge, Puder, Pinzette ... Parfüms? ... Poison, Christian

Dior, Joop ... Taschentücher? Ein wenig Geld? Kondome? Tangas? ... Bei der Fortführung derartiger Gedankenstränge werde ich erotisiert, und ich kriege eine leichte Erektion.

Dann werde ich von Angst erfasst. Wenn das alles nur Frau Biebermeier wüsste? Frau Biebermeier ist meine Germanistik-Dozentin. Man sieht die nüchterne Wissenschaftlerin im braunen Anzug samt ihrem Vorlesungskoffer von einem Hörsaal zu dem anderen schreiten.

Läse Frau Biebermeier meine erste Inhaltsangabe einer Frauenhandtasche, würde sie zweifach entflammt. Erstmals durch die berechtigte Frage: Wieso traue ich mich als Mann, über einen Frauengegenstand zu schreiben? Unverschämt! Und zweitens durch meinen triebhaften, hypermännlichen, sexistischen Zugang zu dem Sachverhalt.

Ja, ich kriege Angst. Sie könnte zum Frauenreferat, zur Bildzeitung gehen. *Brigitte* wird über mich recherchieren, und das Volksblättle *Bild* wird große Plakate in den Straßenbahnhaltestellen aufhängen.

Ich frage Karl-Heinz, meinen Mitbewohner. Karl-Heinz belehrt mich: „Die Handtasche ist ein Schutzobjekt für die Frauen. Und die Frauen brauchen halt ein Schutzobjekt, einen Halt, um sich zu schützen! ...“

Karl-Heinz ist ein Deutscher. Ich bin ein Inder. Wir beide sind Männer. Männerchen halt! Homo sapiens. ♂

Ich protokolliere alles und lese das bisher Geschriebene über die Handtasche. Mit einer Gänsehaut. Es fröstelt mich. Ich fange an zu zittern. Nein, so etwas darf aus meiner Feder nicht veröffentlicht werden.

Durch das Hinzufügen des Karl-Heinz-Beitrages ist der Text noch gefährlicher geworden. Ein zusätzlicher Aspekt, das indische Pascha-Bild, ist ins Spiel gerutscht. Das würde CDU bis PDS unterstreichen. Indisches

Frauenbild vor der deutschen Tür. Ein trauriges indisches Frauengesicht mit rotem Punkt auf der Stirn vor dem Brandenburger Tor auf einem gigantischen Plakat! Überdimensional hat mehr Wirkung. Frau Biebermeier wird von den Politikern Unterstützung kriegen. Und ich – Ärger auf der Ausländerbehörde des Landkreises Kassel.

Ja, nächstes Mal wird meine Aufenthaltsbewilligung nicht verlängert. In der Akte wird ein weiterer Vermerk stehen (Nur für internen Gebrauch: Das aktuelle Schaffen des indischen Schriftstellers trägt zum Zusammenleben der Kulturen in Deutschland nicht bei. Er muss ausgewiesen werden.).

Dabei kann mir kein Fan, niemand, helfen. Auch Claudi nicht. Claudi möchte mich nicht heiraten. Und ich sie nicht. Wir beide lieben uns und halten Heiraten derzeit für einen überflüssigen, unverständlichen Papierkram.

Nein, ich möchte nicht abgeschoben werden. Meine Schreibheimat ist die Einzige. Und ich schreibe und schaffe nur in unserem Konglomerat der Multikultis.

Also erspare ich mir den Ärger. Ich entschuldige mich und ich schreibe nochmals die Inhaltsangabe unserer Frauenhandtasche: Sie ist 12 x 12 cm groß und besteht aus Lack. Der schwarze Lack glänzt wie der vorige rote. Die quadratische Tasche hat Handgriffe und enthält Folgendes: Viel Geld, Börsen-Unterlagen, eine Nietzsche-Lektüre (Also sprach Zarathustra. Ein Buch für Alle und Keinen), Brot mit Salami und ... einen schwarzen Revolver.

Der Revolver ist schwarz. Die Tasche auch. Die beiden sind Schutzobjekte. Und ich hoffe, dass ich jedem einigermaßen gerecht geworden bin: dem Thema, Karl-Heinz, Frau Biebermeier, der Ausländerbehörde, den Indern, den Atombombenbesitzern, deren dreiäugige Göttin Kali die ganze Welten verwüsten kann.

Um 5 Uhr: Döner-Laden am Hbf

Es wird wahrhaftig hier multikulti,
wenn 18 Menschen auf 12 Quadratmetern 14 Döner bestellen.
18 Menschen von über 10 Nationalitäten.

Von hellblond bis zu mexikanisch-braun.
Die Frauen, deren Alter
von 16 bis 45 variiert.

Und fast alle sind gut
für die glitzernden Augen der männlichen Geschlechter.

Die tageslichten Sekretärinnen scheinen
betrunken genauso aufgegeilt zu sein
wie die Orientalen mit ihren erigierten Ständern.

Nüchtern und freundlich
sind bloß die türkischen Mitarbeiter.
Oder sind es Kurden?
Sie nehmen jede Bestellung aufmerksam auf –
von dem hässlichen, geschwängerten Inder
bis zu den Einheimischen, deren
Verhalten eventuell zu dieser Uhrzeit fremd ist.

Die Spielautomaten schlummern ein –
wie immer – mit ihren platzenden Mägen.

Zwei Mädchen mit großen, tiefen Ausschnitten
kichern besoffen, und sie versuchen,
den schläfrigen Laden wach zu halten.

Die Käseplatte von Grasberg

Grasberg ist eine nette Gemeinde, die ein wenig nördlich von Bremen liegt. Es war doch ein wenig schwierig, an der richtigen Haltestelle auszusteigen, weil der Bus weder ein DISPLAY noch eine Haltestellenansage hatte. Wirklich eigenartig! Einem Fremdem bleiben daher zwei Möglichkeiten offen: Entweder er sitzt gleich hinter dem Fahrer. Oder er schenkt seine ganze Aufmerksamkeit den vorbeifahrenden Schildern, damit er rechtzeitig aufspringen und den Knopf drücken kann. Es hilft gerade in solchen Situationen, wenn man schon in Indien gewesen ist.

Also, ich war ein wenig verwirrt und fragte immer wieder jeden nach der Grasberg-Kreuzung. Im Bus saß eine junge Frau aus Grasberg, die mein indisches Gesicht von Plakaten her erkannt hatte. Sie blieb jedoch ruhig sitzen und hatte ihren Spaß an der Verwirrung des einzigen Exoten im Bus. Später teilte die nette Auszubildende lachend ihren Eltern mit: „Euer Inder ist da. Er fragte an jeder Haltestelle nach der Grasberg-Kreuzung."

Interessanterweise übernachtete ich auch bei dieser Lehrerfamilie.

Aber zuvor:

Zunächst wurde ich von einem anderen Lehrer abgeholt, der immer wieder seine Mitgliedschaft in der örtlichen SPD und seine Offenheit zu den ausländischen Mitbürgern ausdrücklich hervorhob.

Dieser allzu korrekte Mensch und freundliche Gastgeber hatte einen auffallend slawischen Vor- und Nachnamen, über den eine ältere Dame in der Lesungspause mit mir unter vier Augen harmlos-heiter lästerte. Meiner

Vermutung nach hing der ständige Kummer dieses Lehrers um die deutschen Zustände zum Teil mit seinem slawischen Namen und zum Teil mit seiner östlichen Herkunft zusammen.

Der nette, höfliche Gastgeber hatte sich vorab nach meinen Essgewohnheiten erkundigt, und so deckte seine Ehefrau, auch eine Lehrerin, den Tisch mit verschiedenen Käsesorten. Davor wechselten wir wieder Sätze über Deutschland, Ausländer und die hohe Kriminalität, den würzigen Spendenskandal der Oppositionspartei usw. Das Lehrerpaar war u. a. auch im teuersten Land der aufgehenden Sonne gewesen. Als die Frau erfuhr, dass ich vier Jahre mit einer Japanerin zusammenlebte, lieferte sie ihren ersten Kommentar über die japanische Kultur: „Die japanischen Frauen leben unterdrückt für ihre Männer!"

Na ja, die Käseplatte war vorzüglich gedeckt, und ich konzentrierte mich auf die köstlichen Käsesorten und auf die Gaumenfreuden losgelöst von Japan, Deutschland und Indien. Das erfreute meine Gastgeber, und sie gaben mir einzelne Details über die Käsesorten: Herkunft, Geschmack, Inhalt, zum Beispiel: „Ziegenkäse: Das ist aus Ziegenmilch gemacht worden." Ich aß länger und bereitete mich dabei auf den Leseabend vor, der auch mit einer positiven, nüchternen Kritik in der Presse bedacht wurde.

Nach der Lesung führten wir den üblichen kurzen Smalltalk.

Ich übernachtete bei der anderen netten Lehrerfamilie, deren artige Tochter mich als Erste im Bus ohne Anzeigetafel erkannt hatte.

Der nächste Morgen brachte meinen Abschied von Grasberg. Wir saßen am Frühstückstisch und erwarteten den weltoffenen SPD-Lehrer mit dem slawischen Namen, weil er, wie vorher vereinbart, Brötchen mitbringen sollte. Der gute Mann kam mit leckeren Semmeln, und wir fingen mit dem Frühstück an. In meinem halbschläfrigen Zustand wurde ich abrupt mit einer komischen Fragestellung konfrontiert. Die Frage lautete etwa so: „Aber Herr Kumar, schauen Sie hierher, Sie würden mir doch zustimmen, dass die gestrige Käseplatte viel mehr Sorten Käse hatte als diese hier auf dem Tisch?“ Bevor ich die Sache richtig verstand, begann darauf mein zweiter Gastgeber energisch zu antworten: „Was? Wieso? Hier sind doch fünf Sorten: Edamer! Gouda! Schnittkäse! Schafskäse! ...“ Ich wusste nicht, wie ich mich dabei verhalten sollte, außerdem befand ich mich in der wortkargen Phase des frühen Morgens.

Im Nachhinein verglich ich die Anzahl der Käsesorten beider Gastgeberfamilien und stellte dann fest, dass einer mit seiner Feststellung doch Recht hatte, das heißt, seine Käseplatte hatte mehr Sorten als die des anderen.

Ja? Das sollte uns klar sein.

bildverlosung

den köpfen gibt die *Bild* schöne häuser
mit soliden dächern
und den hirnen viel heu
den deutschen und den kanaken
denn haus und heu –
das mag der mensch

und schicksalshalber hat er auch hirn

gerüche & alphabete

uns umringen die anderen
samt ihren gerüchen
samt ihren konturen
und alphabeten

vieles wird verbarrikadiert
in quarantäne gesteckt

manches schleicht sich ein
mal unbewusst
mal gewollt

den mästapparat in gang zu halten

abgesehen von der tatsache
dass jede maschinerie auch
exkremente herauslässt

die uns stinken
nach gerüchen
nach alphabeten

aus diesen gründen brodelt unser magen
und der kopf schnarcht

Bier-Flaschen

„Schau meine Flasche an!“, klopft Werner kumpelhaft neckend die Schulter von Roberto.

„Ist sie halb voll oder halb leer?“

„Halb voll! Mann!“

„Ach! Also, du bist ein Optimist! ... Hm! ... Prost!“, nimmt Werner einen Schluck und dreht sich betrunken im Kreise.

Der Herbst neigt sich dem Ende zu, und die schönen sonnigen Nachmittage nehmen damit auch Abschied. Heute nieselt es, und in den Gaststätten ist dementsprechend wenig los.

Niestetal ist eine kleine Gemeinde in der Kasseler Nachbarschaft, die aus zwei befreundeten Ortsteilen, Sandershausen und Heiligenrode, besteht. Die Niestetaler haben genügend Kneipen für die Gäste der Schwarzwälder-Kirschentorte-Generation. Ihre Jugend tummelt sich in der Kasseler Innenstadt.

Dann gibt es in Sandershausen seit kurzem ein auffallendes CHINA TOWN, das Studentenwohnheim der Wohnbaugesellschaft BAVARIA, in das Hunderte Chinesen mit sehr geringen Deutsch- und Englischkenntnissen verfrachtet werden. Man hört, dass es eine dubiose Vermittlung zwischen der Sprachschule, der chinesischen Vermittlerin und dem Bauunternehmen BAVARIA gibt. Es läuft alles nicht richtig, aber das Geschäft boomt.

Und die Chinesen schreien auf Chinesisch glücklich herum: Auf dem Fußballplatz, im ALDI, in der Buslinie 30, dessen Fahrer keiner werden möchte.

„Meinst Du, dass die Amis den Krieg gewinnen werden?“

„Ja, klar Mann! Sie werden die Bärtigen plattmachen!“

„Hmm! ... Also, doch ein Optimist! ... Prost!", nimmt Werner einen weiteren Schluck und macht noch eine Pirouette.

Im Arabischen trägt der Sohn oft den Vaternamen verdoppelt. Das heißt, wenn der Vater Gerhard Fischer heißt, wird der Name des Sohnes Gerhard Fischer Gerhard Fischer lauten. Mit dieser Eigenart hat es die Ausländerbehörde in der Bundesrepublik nicht leicht.

„Schau die Flasche an! ... Ist sie halb voll oder halb leer?"

„Mann, sie ist halb voll!"

„Halb voll? ... Quatsch! ... Sie ist halb leer!"

„Mann, Du hast sie nicht alle – wie die Bärtigen! ... Die Flasche ist halb voll!"

„Was? Wieso? ... Ich habe sie nicht alle? ... Die Bärtigen? ... Du bist ein Depp!", schreit einer den anderen an.

An der Theke des Gasthauses Vaterland streiten sich laut zwei angetrunkene Mitarbeiter der Volkswagen AG. Es ist Sonntagabend. Der Wirt, der sich in der Küche mit seinem Araber-Koch über die neue Speisekarte unterhält, wird durch die Lautstärke aufmerksam.

Er kommt heraus.

„Was ist denn los mit euch? ... Langweilt ihr euch wieder?"

„Meister, schau die Flasche an! Der Depp meint: Sie ist halb voll. Mann, sie ist halb leer ... Und ich bin kein Bärtiger!"

„Klar, sie ist halb voll ... Du spinnst doch jetzt wieder! ... Wie die Bärtigen!"

Der Wirt, Manfred Kugler, schaut die Bierflaschen verwirrt an.

„Mann o Mann! Ihr beide habt lange keine Weiber mehr gehabt! ... Ihr spinnt doch wohl! Die Flaschen sind doch völlig leer!" Und Herr Kugler kippt kopfschüttelnd die beiden Flaschen um. Die Tropfen fallen auf die Theke.

Dann geht der Wirt Kugler hinter die Theke, zwei weitere Bierflaschen für seine Stammkundschaft zu holen.

Inzwischen studiert der Koch Abdul-Aahad Abdul-Aahad in der Küche die neue Speisekarte ein und in der Friteuse schwimmen Pommes.

Das Restaurant Wienerwald ist weg, und ich befürchte …

Das Restaurant Wienerwald, das ein Stück vom ***Stern*** entfernt lag, ist weg, und ich befürchte, dass es bald Protestrufe geben wird.

Ich fuhr heute mit der Linie Eins vom Holländischen Platz hoch. Ich sah den leeren Laden und ich fing an, zu trauern, zu fürchten.

Vor ein paar Jahren protestierten einige mit dem Argument, dass sich die Kasseler Innenstadt in die Döner-Katakomben verwandele. Die kleine Straße ist ein Beispiel dafür. Es gibt einen Frisörladen. Dem folgt ein großer, leckerer Dönerladen. Da ist das Sonderangebot: **Putendöner € 2,00**. Mein Favorit mit scharfem Chilipulver. Danach eine Diskothek, ein türkischer Juwelierladen … Dann gibt es wieder ein türkisches Restaurant, dessen Kellner aus Syrien kommt. Dieser kann zugespitzte Geschichten erzählen – spontan, in seinem Kauderwelsch-Deutsch. Seine Grammatik weicht von der deutschen Schulnorm ab, und die Lücken in seinem Wortschatz füllt er mit seiner Gestik und Mimik. All dieses sind keine Verständnishürden. Die Impressionen seiner scharfsinnigen Erzählungen bleiben nachträglich in meinem Kopf wie die Bilder eines guten Filmes. Frank erzählte mir, dass es dort den besten **Lahmacun** Kassels gebe. Wir gingen eines Freitagabends hin und konnten seine Behauptung genussvoll für richtig befinden. Einen Laden weiter verkauft sich der türkische Schnellimbiss auch nicht schlecht.

Auf der anderen Seite sieht es noch intensiver aus. Zwei bis drei große türkische Lebensmittelmärkte, Dönerbuden, zusätzlich der chinesische Schnellimbiss **Brü-**

der Lee, dessen Schnellgerichte mir von meinem Copy-Shop-Bekannten, dem Bayern Herr Fleischmann, als "köstlich" weiter empfohlen wurden. Sogar das große Neon-Schild **"Stern-Markt"** steht auf einem türkischem Supermarkt. Darauf folgen asiatische Läden, aus deren Fenstern Samurai-Schwerter und asiatische Puppen-Gesichter alle Passanten ansprechen, anlächeln. Ihnen ist gleichgültig, ob einer über sie lästert.

Sie fragen: *Was ist das? Wo sind wir?* Die Antwort: *Das ist ein Stück Deutschland. Ein Stück Kassel.* Ja, zweifelsohne, weil vom Hochhaus aus der mächtige und große Mercedes-Stern diese exotischen Geschäfte bewacht – fürsorglich und patriarchalisch.

Übrigens: Mercedes, eines der modernen Wahrzeichen Deutschlands, ist wiederum auch nicht so deutsch, weil sich die Wurzeln dieses Namens eher im Romanischen finden lassen als im Germanischen.

Das **Wienerwald** lag vereinsamt an einem Straßenende dieser bunten Reihe, und es drehten sich an Spießen viele Händel in einem großen Schaufenster. Diese fettigen Tiere erregten bei mir weniger den Appetit als vielmehr die Frage: *Mein Gott! Werden all diese Teile an einem Tag aufgegessen? Oder an zwei Tagen? Oder in einer Woche?* Der Kasten blieb immer voll, und ich hatte den Eindruck, dass ich einige Hühner täglich sah. Sie waren meine toten Bekannten, die aber da waren, um mich täglich beim Vorbeigehen zu begrüßen. Jetzt sind sie, die Hühner, auf einmal verschwunden. Hinterlassen mich alleine.

Ja, nun ist das traditionelle Restaurant weg. Samt seinen Hähnchenteilen. Und ich befürchte, dass dahin noch ein türkischer Imbiss ziehen wird. Oder ein indischer? Und ich befürchte, dass nochmals Protestrufe zu hören sein werden, wie zum Beispiel: *Kasseler Innenstadt: Lahmacunviertel! Lahmacunstadt! Döner-Avenue! Döner-Straße! Döner-Street! ...*

Wenn man die Straße herunterkommt, gelangt man

zum Hauptstandort der Universität Gesamthochschule Kassel. Da befinden sich Fachbereiche: Geisteswissenschaften, Sprachen, Architektur ... Und es könnte sein, dass in den nächsten Tagen ein Hochschulgelehrter vom **Stern** zum **Holländischen Platz** zufällig zu Fuß latschend herunterkommt, und in seiner Entfremdung ein Urteil wie der alte Berliner Senator fällt. So etwa: *Wenn ich zur Hochschule komme, fühle ich mich im eigenen Land fremd! Ich finde da nichts Deutsches!*

Und die Meinung eines Hochschulgelehrten kann man nicht einfach zur Seite schieben. Ein derartiges Urteil würde wiederum Protestrufe ankurbeln, und damit auch die Diskussionen um die bangen, sich wiederholenden Fragen des Fernsehens. Jene zahllosen, periodisch ausgestrahlten Fernseh-Debatten, die von sehr witzigen, jungaussehenden Damen und Herren moderiert werden: *Wo ist heute die deutsche Kultur? Was ist mit der deutschen Sprache los? Wie weit ist nun die Kasseler Nordstadt eine deutsche Stadt?* Parallel dazu wird das Thema auch in den intellektuellen, interkulturellen Kreisen weiterdiskutiert. Die fetten Schlagzeilen. Die listige Hermeneutik. Die gefühlsrührende Rhetorik. Egalité, Fraternité und Humanité werden irgendwo dazwischen schweben – im vernebelten Interessenchaos.

Infolgedessen werden ein paar Dönerbuden verschwinden müssen, auch wenn ein junger Hip-Hop-Moderator diese Begebenheit irgendwo in der Welt – vielleicht auf dem indischen Fernseh- und Kinokontinent – cool und witzig darstellen würde. Abgesehen von der versteckten Tatsache, dass der cool wirkende Star seine ganze Angst und Sorge vorläufig ins Klo furzt, um dem Kamera-Team belanglos seine Zähne und Kostüme zu präsentieren.

Einerlei! Es würden eventuell einige exotische Gastronomen der Kasseler Innenstadt deplaziert sein. Vielleicht mein Favorit: **Putendöner € 2,00**? Oder der mit dem besten **Lahmacun** Kassels? Und wenn es den wirklich trifft, dann könnte es durchaus sein ...

Ist Deutsch schwer

In einem Gespräch, aufgeregt,
sagt Francisco: „Gut!“
„Woas?“, fragt der neben ihm sitzende Friedl.
„Gut! Gut!“, wiederholt Francisco.
„Ach guat!“
„Bitte?“, fragt jetzt Francisco.
„Guat! Guat sagt man!“
Jetzt sind beide ein bissl verärgert.
Daher witzelt Heide kichernd:
„Deutsch ist schwer! Gell?“

DORF

In Bayern

Viele Studenten warten dringend auf die Semesterferien. Wir wissen sehr wohl den Grund. Natürlich auch zum Jobben! Und bei den meisten Ausländern aus dem Süden ist dies sowieso eine Notwendigkeit.

So landete in den letzten Ferien eine Inderin in einem kleinen bayrischen Dorf, Urfeld am Walchensee, als Serviererin im Hotel Post. Die ziemlich anstrengende Arbeit ließ sich durch die schöne, frische Umgebung ausgleichen. Was der Inderin zum Teil Schwierigkeiten bereitete, war die mundartlich gefärbte Sprache. Wir wissen sehr gut, welche Gemeinsamkeiten und Unterschiede Amtsdeutsch und Bayrisch haben. Wir sind auch Leuten begegnet, die das eine mit dem anderen verwechseln.

Daher wurde die anders aussehende Inderin logischer- und selbstverständlicherweise öfter gefragt: „Verstehen Sie Deutsch?“ oder „Können Sie Deutsch?“ Mit einem Lächeln sagte sie mal: „Ja!“, mal: „Ein wenig!“ oder mal: „Es geht!“ Wenn beim Gästebedienen ein Kommunikationsmissverständnis vorkam, trösteten die Gäste mitleidig die indische Kellnerin: „Deutsch ist schwer! Gell?“ Und die Inderin darauf ein wenig schüchtern und ein wenig lächelnd: „Ja! Sehr!“ Damit war ihr fast immer der Fehler verziehen. Gutes Geld und sattes Essen. Es war alles in Ordnung.

Wenn ein Mensch lange in einem Dorf mit circa 40 Einwohnern lebt, sehnt er sich nach Großstadtrummel. Den Dorfbewohnern dieser Region bietet so etwas die Weltmetropole München. Ruhetage in Gaststätten und die Mitarbeiter auf nach München!

An einem Montagnachmittag saß die Inderin nach einem langen Spazierbummel in München müde im Nahverkehrszug und döste. Zufällig saß ihr gegenüber Fritzl, den sie nicht erkannt hatte. Aber der Fritzl sie schon, weil er im selben Dorf beheimatet war und sie in der letzten Zeit oft gesehen hatte. Sei es wegen ihrer indischen Schönheit oder weil sie anders war. Die Inderin wirkte auf die Dörfler auffallend. Und aus menschlicher Neugier wollte Fritzl jetzt ein Gespräch mit ihr anfangen. Ein weiterer Grund war, dass unser Fritzl seit einigen Wochen Englisch lernte, und jetzt war für ihn eine passende Zeit und Gelegenheit, seine englische Sprachfertigkeit zu testen oder zu üben. Aber man hörte in dieser Zeit auch ständig, dass für einen gutherzigen Bayern Englischsprechen nicht leicht ist wie Deutsch für Ausländer.

Fritzl fing an: „Do you ...!", und er geriet vor Nervosität ins Stottern. „Do you ...!" Die Inderin schaute ihn fragend an. Jetzt wurde unser Fritzl noch nervöser, und in diesem Zustand kam mechanisch aus seinem Munde in perfektem Bayrisch: „Verstehst du Deutsch?"

„Ja Ja! Deutsch schon, aber das andere sehr schlecht!", sagte die Inderin und guckte zum Fenster hinaus.

Liebt er mich oder liebt er mich nicht?

Der Typ antwortet mal:

„Ich weiß noch nicht.“

Oder mal:

„Ich muss mir erst mal alles durch den Kopf gehen lassen. Es ist mir auf einmal zu viel.“

Manchmal sagt er gar nichts, und dann redet er wieder verwirrt irgendwas.

Aber die Inderin stellt ihm immer wieder diese Frage, und sie lässt sich von diesen eher verneinenden Antworten durchaus nicht verletzen. Im Gegenteil – sie lächelt äußerlich, und im Herzen lacht sie ihn aus:

„Höchstwahrscheinlich ist dieser Mensch hilflos meiner Liebe verfallen. Und er ist vielleicht wie andere seiner Zeitgenossen Opfer seiner Zeit ...“

Sie lächelt öfter, und innerlich lacht sie ihn wahrscheinlich weiter aus, auch weil seine Haare seinen Kopf verlassen haben. Aber die Inderin fasst seine Glatze an und sagt: *„Na, mein Süßer!“* Und der Typ sieht glücklich und stolz aus.

Weiterkommen

Es gibt sprachliche Ausdrücke, oder besser gesagt sprachliche Phänomene, die einem wiederholt ins Ohr dringen. Die Wahrnehmung, die Assoziation und die Speicherung dieser Begebenheiten vollziehen sich bei jedem in unterschiedlicher Art und Weise. Zum Beispiel lauschte ich heute Morgen in der Bahn ein paar Sätzen zweier junger Leute: „Na! wie geht's?" – „Ach es geht! Ich komme nicht weiter!" Diese Äußerung rief in meinem Gedächtnis das gestrige Gespräch der Sprechstunde ab, in der Prof. Neuerling mir empfahl: „Halten Sie Ihr Referat in der Sitzung nach Weihnachten! Ich muss erst mal weiterkommen."

Mit Recht betont der andere Gelehrte, Prof. Schwarzgarten, dass unsere Alltagssprache aus lauter Allegorien besteht. Diese Gemeinschaft der Lehrenden und Lernenden (mancher Sprachgebildete nennt seine anwesenden Schüler mal seinem Gemüt gemäß „Mannschaft", „Bande" und „Fußballverein" in seinen Vorlesungen) gebraucht so was ständig, obwohl sie sich in ihrem Alltag um präzise Ausdrücke vergeblich bemüht.

De Saussure, einer meiner abendländischen Meister, brachte eine bahnbrechende These heraus, die sich ständig in meinem Alltag bewusst wiederholt. Kurz gefasst lautet der Lehrsatz: „Beim Hören eines sprachlichen Zeichens entwickelt sich ein Bild in unserem Hirn." Aber dieses sich entwickelnde Bild in der Psyche kann meines Erachtens in einzelnen Fällen sehr unterschiedlich sein. Und immer, wenn meine nette Kommilitonin Annette mir sagt: „Ach! Ich komme nicht weiter!", entwickelt sich ein Bild in meiner Psyche: *Sie, meine Annette, stockt in ihrem neuen FIAT-PANDA irgendwo auf der Autobahn!*

Meine Damen und Herren! An dieser Stelle wundern sich doch viele von Ihnen:

„Was fällt denn den Ausländern beim Deutschhören nicht alles auf?“

Ein wenig abweichend vom Meister De Saussure stelle ich meine Vermutung auf, dass in vielen Situationen der Mensch, besonders der heutige Fortgeschrittene, wie ein Roboter spricht. Heute Mittag hörte ich einen Germanistikstudenten vor der Mensa reden: „Das Essen ist geil!“, und dabei gab es überhaupt kein Image in meiner Psyche.

Kein Bild in meinem Kopf!

José Fernandos, Möllemann und die Mücke

I

Bevor sich José Fernandos an seinem Geburtstag auf den Weg zur Arbeit macht, wirft er gewohnheitsmäßig einen Blick in den Briefkasten. Es liegt dort doch was. Ein bunter Briefumschlag aus Buenos Aires, auf dem rote, gelbe und blaue Sternchen verstreut sind. Und dazu eine Mickymaus. Er nimmt die Karte und sperrt die Tür auf. Draußen wühlt der Briefträger in seiner Postkarre:

„Hey José! ...Wie geht's?"

„Gut geht es mir! ...Und selbst?"

„Bestens!"

An der Haltestelle macht José den Brief auf. Darin ist eine Glückwunschkarte von einer Geliebten aus vergangener Zeit, die er beinahe vergessen hat. Aber sie ihn nicht. Die Karte sagt das. Sie ist warm und außergewöhnlich geschmückt. Die entfernte Liebe schreibt, sie hätte die schöne, zarte Zeit mit ihm doch nicht vergessen können. Auch nicht die glühenden Nächte in ihren kleinen Zimmern des Studentenwohnheims.

Ihr Ehemann werde von Tag zu Tag geschäftstüchtiger und langweiliger. Sie habe viel zugenommen, und das dritte Kind sei unterwegs.

II

José Fernandos ist ein argentinischer Doktorand, der ohne Stipendium seine Promotion entschieden durchzieht. Stipendien sind ein Thema für sich. Zwei hat er um ein Haar verpasst. Sie kommen ihm in der letzten Zeit wie russische Glücksspiele vor. Und ihm fehlen Courage und Temperament eines Spielerrussen.

III

Als José in die Firma eintritt, wartet auf ihn die zweite freudige Nachricht des Tages. Der Vorgesetzte Möllemann, der immer eine Viertelstunde eher kommt und ausnahmslos jeden Mitarbeiter stresst, ist nicht da. Ein Wunder. Die Kollegen erzählen ihm den Grund: Möllemann wurde von seinem eigenen Pudel, der auf einmal toll geworden war, bitterlich gebissen. Und jetzt liegen beide, Möllemann und sein toll gewordener Pudel, im Krankenhaus.

„Was?... ", bricht José in Gelächter aus.

Das erstaunt zuerst einige. Aber dann lachen die auch mit.

IV

Josés achtstündige, knochenharte Arbeit vergeht an diesem Tag schneller und stressfreier, und er kommt noch heiter aus der Firma. Auf der Straße vor Karstadt glotzt er ein paar hübsche in Nylon verhüllte Beine einer Frau an und beginnt, eine Melodie des Malambos[1] zu summen. Und als die Frau ihn interessiert anschaut, ist er in seine Melodie tief versunken und denkt aufgewühlt an seine verstorbenen Eltern. Er sieht schwebend das lachende Gesicht des Vaters und fühlt die Hand seiner Mutter. In seiner frühen Jugend verlor er erst die Mutter, und der Vater folgte Josés Mutter in dem darauffolgenden Jahr.

Der Frühling ist hitzig geworden, und zwei ältere Damen unterhalten sich darüber:

„Also mehr sollte es nicht werden! ... Ich kann nachts nicht mehr schlafen!"

„Es ist gar nicht so gesund! ... Aber die Südländer! Es scheint ihnen gut zu gehen. Sie schwitzen viel, aber mögen die Hitze ... !"

V

José verlässt die Innenstadt und spaziert durch die Orangerie. Es spielen arabische Männer Fußball. Seine Augen haften am Körperbau der Spieler: dick und robust, schlank und zäh. Er bewundert, wie geschickt der Bärtige den Ball auf seine Brust nimmt, wie schnell der mit dem Bäuchlein sein rechtes Bein in die Luft wirft und den Ball stoppt, wie flink der Schlanke dribbelt ... José freut sich, und dann schämt er sich ein wenig. In der Schule war er nie gut im Fußball.

„Die Araber werden unter den Deutschen unbeliebter. In den alten und in den neuen Bundesländern. Die Amerikaner auch. Mehr im Osten ...“ geht die heutige Zeitungslektüre durch seinen Kopf.

Rechts im Gras liegt eine junge Frau auf dem Bauch. Ihr gewölbter Hintern kommt José fest vor.

Er schmunzelt über seinen Gedanken und pflückt einige Blüten und Blumen.

Beim Weitergehen hält er seine Hände unter die Nase und atmet in tiefen Zügen ein und aus.

„Aaa---chi! ... Haa---chi!“ José niest, weil bei einem tiefen Atemzug eine Mücke in seine Nase eingedrungen ist. José bohrt seinen rechten Zeigefinger in sein rechtes Nasenloch und entfernt die Mücke von der Nasenwand.

„Bzzz!“, fliegt die Mücke weg.

„Unglaublich!“, schüttelt José den Kopf.

VI

José Fernandos kehrt am Abend in seine Bude zurück und isst Brotschnitte – belegt mit Käse und Salami. Er hat schon vergessen, dass es heute einen Geburtstag gab. Anstatt sich müde zu fühlen, spürt er Lernlust. Er geht unter die Dusche, und beim Duschen stößt er sich an der Duschbrause und schreit: „Aua!“

Unter Literaten

An der Kasseler Universität
fragte der Prof die Erstsemester:
„Kennt jemand den Dichter Moritz?“
Wie üblich
war das Schweigen die Antwort.

Im zweiten Semester bekam
einer zufällig dieselbe Frage gestellt.
Aber bis dahin war ihm
der Zusammenhang abhanden gekommen.

Im drauffolgenden Semester
hörte man ein leises „Ja!“
auf die Frage:
„Kennt jemand Herrn Moritz?“
Erleichtert sagte der Prof:
„Mindestens einer!“

Fortschritt war auch,
dass es nach der Vorlesung
ein literarisches Zwiegespräch gab:
„Ist er derselbe von Max und Moritz?“
„Ich denke schon.“

Fahrt

Zu lang der Mann – gähnt
Der Hund blickt ihn – erstaunt
Nächster Halt: Bebra

Wolfi, das Kasseler Graffiti-Archiv

Wolfgang Gutzkow alias Wolfi nennt sich selbst das Kasseler Graffiti-Archiv. Das habe ich erst heute erfahren. Jene Mitteilung – besser: die Geheimnisoffenbarung – brachte mich zum Staunen. In unserem knappen Gespräch wiederholte sich seine Parataxe „Ich nenne mich das Kasseler Graffiti-Archiv“ zwei Male. Wolfi wohnt in der Nachbarschaft zehn Häuser weiter links.

Früher, etwa vor etwa einem Jahr, wohnte Wolfi in unserem Haus. Unten im Erdgeschoss. Er hatte eine Praxis. In früheren Tagen las ich das Schild (auf dem ein langer Begriff stand) wiederholt beim Raus- und Reingehen. Ich konnte ihm, dem Begriff Wolf'scher Praxis, jedoch keine Bedeutung abgewinnen. Irgendwann mal stellte sich wiederum meine Praxis (des wiederholten Lesens) von alleine ein. Daran kann ich mich heute noch erinnern. Eine Hälfte, die erste oder die zweite, des Aufdrucks war etwa mit ‚Supervision ...‘ belegt.

Wolfi ist kleinwüchsig, hat ein Pilsbäuchlein, trägt einen Asketenbart ... und befindet sich in seinen späten Fünfzigerjahren. Er ist auch ein wenig breit.

Er trägt Trainingsanzüge, zumindest oft den unteren Teil, und seinen wuscheligen Kopf (ab heute: das Kasseler Graffiti-Archiv) hält er mit einer Golfmütze bedeckt.

So sehe ich ihn halt, meistens wenn er zum EDEKA um die Ecke geht.

Ich finde alles stimmig: die kleine, alte, nach dem Bismarckschen General benannte Blücherstraße, den EDEKA-Laden („Witwe-Bolte-Laden“, sagt der Mitbewohner), zwei Häuser unter Denkmalschutz, die paar türkischen Mitbürger, den einsamen Thomas (der zweimal im Jahr in zwei unberechenbaren Nächten aus seinem Fenster schreit: „Hallo ich bin es!") ... und natürlich den Wolfi. Sogar sehr.

Auch heute, als ich Wolfi vor dem Laden grüßte: „Hallo Wolfi, wie geht's?"

„Ach, ganz gut."

Dann wurde er – aus einem verständlichen Grund – energischer und fluchte: „Bis auf diese Scheißkälte. Es muss jetzt Frühling werden."

„Allerdings. Für März ist es saukalt."

Mein Feedback besänftigte Wolfi, und er wurde bescheidener: „Sonst bereite ich eine internationale Graffiti-Konferenz im Herbst vor."

„Was? Du beschäftigst Dich mit Graffiti? Das ist mir völlig neu."

„Und wie! ... Seit neunundzwanzig Jahren beschäftige ich mich damit. Und ich bin das einzige ausführliche Archiv auf der Welt!"

„Wahnsinn."

Mein Feedback (im leisen Ton) fing an, Wolfi zu erhitzen. Er kam in Fahrt.

„ ... und ich möchte wie die Anderen auf meinem Wissen nicht sitzen bleiben." Hierzu machte er eine Gestik, und zwar: Er zeigte seinen Zeigefinger und den Daumen auf seinen Arsch. Ich sah ihn, den Wölfischen, in der Trainingshose und sagte nochmals: „Wahnsinn."

Mein Erstaunen ging ins Wundern über mit seiner Konklusion, dass er über sein Wissen ein Kompendium geschrieben hätte: „Elftausend Seiten und dreihundert Kapitel."

Ich wiederholte (in einem verwunderten Ton): „Meine Güte! Elfhundert Seiten und dreihundert Kapitel." Und mein Lapsus wurde sofort korrigiert. Wolfi schrie: „Elftausendseiten und dreihundert Kapitel! ... In diesem Leben schaffst Du das nicht."

„Allerdings."

Die heutige Begebenheit wundert mich halb und halb. Noch. Morgen werde ich die Blücherstraße noch mehr kennen. Alles wird stimmig. Stimmiger.

J.

Das Rechenzentrum

Heute traf er J. im Hochschulrechenzentrum. Genauer, sie kam eigentlich zu ihm. Wie immer arbeitete er weiter an seinen Emails, und dabei unterhielt er sich mit ihr smalltalkmäßig.

Die Brüste

Janine ist blond und nicht schlank. Sie wirkt auf ihn interessant, und ihre nicht kleinen Brüste findet er anziehend.

Die schwarze Hose

Er saß auf dem Stuhl vor dem Rechner. J. stand neben ihm. Sie trug eine enge schwarze Hose, und es befiel ihn, ob er doch nicht mit seiner rechten Hand ihren Hintern tätscheln oder besser: kneten sollte. Er beließ jedoch seine rechte Hand weiter auf der Tastatur. J. stand in einem öffentlichen PC-Pool – wie sein öffentlicher Ruf.

Das Gesicht

Er schrieb schneller, und er schaute zwischendurch von unten ihr hübsches Gesicht an. In diesem Sommer ist auch sie ein wenig brauner geworden.

Die Mensa

J. stand eine Weile neben ihm, und dabei machte sie ihm den Vorschlag, morgen in die Mensa zu gehen. Er war damit einverstanden. Morgen wird sie ihn gegen eins zum Essen abholen.

Der Fingerdruck

Beim Abschied kam er mit ihr heraus aus dem Rechenzentrum. Draußen bot sie ihm eine Zigarette an, und er ihr seinen müden rechten Arm.

J. massiert ihn immer mit einem gewissen Fingerdruck. Danach gab er ihr den Abschiedskuss zwischen die rechte Wange und ihren Hals, und J. ihm ihren leicht auf seine Lippen.

„Hey, hier ein warmes Wintergedicht nach dem hitzköpfigen Sommer", und sie drückte ihm einen Zettel in die Hand. Lesend kehrte er zu seinem Arbeitsplatz zurück:

Schneeküsschen

Mein Geliebter mit langen Haaren
küsst mich
und bleibt weg.
Er schickt schneeweiße Küsse
auf dem sibirischen Kranich
und bleibt weg.

Ich sammele Schneeküsse ein –
im brennenden Ofen.

Und wenn der Brand verglüht,
kann ich einschlafen.

Ach der Brand!

Das Geschlecht

Arbeiten konnte er jedoch nicht mehr, weil eine Erektion im Vormarsch war. Er dachte wiederholt an J. und ihre Brüste, und sein Geschlecht schwoll. Er verließ den Arbeitsplatz und machte sich auf den Weg nach Hause. Er schritt schneller, denn sein Glied wuchs immer weiter.

Die Gürteltasche

Als er in die Hausstraße einbog, befand er sich in einem glücklichen Zustand. Zugleich schämte er sich ein wenig. Dann wurde er richtig rot, weil er die Nachbarsfrau entgegenkommen sah. Zum Glück hatte er heute seine Gürteltasche an. Er schob sie unauffällig herunter und lief an der Nachbarsfrau mit gesunkenen Blicken vorbei.

Die Gedankengänge

Es waren unterschiedliche Gedankengänge, die ihn bebeglückten: „Vielleicht soll ich am Wochenende mit Janine in einen Film gehen und im dunklen Saal ihre Wölbungen antasten ... Nein, lieber noch einmal ein gutes Essen mit Weißwein. Soll ich ihre Brüste vor dem Essen anfassen? Oder nach dem Essen? Nein, besser, wenn wir beide angetrunken sind."

Der Heißhunger

Als er in die Wohnung eintrat, spürte er den Heißhunger. Als erstes machte er sich schnell einen gezuckerten Kaffee. Er trank ihn und ging in sein Zimmer. Er machte den Reisverschluss auf.

Der Schlussgedanke

Es ging schnell, er musste heute dabei nicht an die schmutzigen Dinge denken. Es waren bloß zehn, zwanzig Handbewegungen. Dann kam der Schluss, wobei er zu sich dachte: „Ich sollte das Fummeln mit Janine sein lassen. Vielleicht möchte sie das ja nicht."

Am Arsch vorbei

Es gibt Filme, und es gibt Geschichten, in denen bekannte und wenig bekannte Menschen viel Sex haben. Er trifft hin und wieder Typen in Diskotheken und Flugzeugen, die ihm Ähnliches aus ihrem Leben erzählen. Dabei lachen sie, diese Typen, laut, und sie nehmen sein „Hmm!“ kaum wahr. Er kommt ihnen, diesen frauenverführenden, smarten Typen, allzu sehr schüchtern, allzu sehr zurückhaltend vor.

Seine Schüchternheit geht ihnen am Arsch vorbei.

Der Wahrsager

Neben den Pornoladen stellte
der Wahrsager El Fantadu seinen Wagen.

Drin saß er in einem kosmischen Nachthemd,
dessen komisches Muster auf Ägypten hinwies.

Seinen beschmutzten Bart massierte er mit einer
eigenartigen Flüssigkeit.
Das war ein Präparat aus dem Gangeswasser.

An einem grauen regnerischen Adventsnachmittag
besuchten Drei den Wahrsager unter seinem
Weihrauchqualm.

Einem sagte er:
Du befindest Dich in hohem Stress!

Dem Zweiten bestätigte er:
Du hast stressige Zeiten hinter Dir!

Dem Dritten prophezeite er:
Du hast stressige Tage vor Dir!

Er gab allen Drei Hilfe:

Einem:
Es lässt sich vermeiden,
indem ...

Dem Zweiten:
Jetzt kommen bessere Zeiten.
Jetzt musst Du ...

Dem Dritten:
Vielleicht kann man dagegen etwas tun.
Du musst ...

Danach liefen die drei hurtig herum.
Es nieselte noch mehr.
Und falls ein Bekannter einen fragte:
„Wie geht's?“ –
Die Antwort ähnelte sich: „Ach, Stress!“

Dichter und Kritiker

In Indien gab es einen Poeten.
In Indien gab es einen Rezensenten.
Der Kritiker kritisierte den Poeten fanatisch!
So schrieb der Dichter immer weniger, dramatisch!
Und der Gott „Shiva“ ließ die beiden weiter antanzen.

Basho, Buddha und Reinhard Döhl

Ein renommierter und erfahrener Künstler namens Reinhard Döhl nennt seinen Hund Basho. Und er hebt das voller Stolz hervor, weil er seinen Hund nach dem berühmtesten Haiku-Dichter Japans genannt hat. Dieses Faktum hat mich zuerst empört, und dann fing ich an zu schmunzeln.

Warum nennt er seinen Hund nicht Johann Wolfgang? Oder Hermann? Die beiden Alten waren doch auch vom fernen Osten behext. Aber keiner der beiden ließ seinen Hund oder seine Hauskatze als „Kalidas“ oder „Siddhartha“ taufen. Na, sehen Sie! Seht Ihr! Reinhard Döhl, unser Alter, ist mondäner.

Vielleicht verehrt Reinhard Japan noch mehr. Okay! Einverstanden! Das ist sein gutes Recht. Warum kauft er dann nicht noch einen nipponischen Hund und benamt ihn „Lenz“ oder „Eckart“? Oder sogar „Helmut“, „Joschka“ oder „Gerhard“? Das tut er nicht. Vielleicht wären sie ja für ihn zu laut. Ihn ziehen die östlichen Weisheiten. Er möchte die Ruhe des fernen Ostens. Sein Hund auch. Sie, die beiden, möchten unsere Lauthalsgesellschaft beschwichtigen, indem Reinhard und sein veröstlichter Hund nur Künste kreieren wollen – meditativ und kontemplativ.

Vielleicht sollte einer der Frage nachgehen, ob die Japaner auch dieses Syndrom der künstlerischen Benennungen von den Deutschen reinhardischer Art nicht bereits übernommen haben, indem unzählige Bachs, Beethovens, Mozarts ... frühmorgens bei der aufgehenden Sonne in Tokio gurren, bellen, und miauen. Im Takt. Und ein gewisser Tucholsky dirigiert sie mit seinem wedelnden Schwanz.

Im gesamten indischen Subkontinent kann ich sicher sein, dass es so was nicht gibt. Noch nicht. Die Inder haben ihre Softwaren, ihre Götter und ihre Kälber. Obwohl der vor kurzem verschiedene Kater meiner netten Bekannten Gertrud Rajiv hieß. Rajiv Gandhi, der erste Sohn von Indira Gandhi, war der sehr gut aussehende (für die Opposition der tuntisch-weibische) letzte Primierminister der Gandhi–Dynastie. Gertrud fühlte sich mit der Gandhi–Familie sehr verbunden. Ebenso mit ihren beiden, dem indisch angehauchten Vierfüßler und zugleich mit dem femininen (nach indischen Oppositionsparteien jedoch weibisch-tuntischen) Rajiv–Schönling.

Mich würde auch interessieren, wie es Japaner, Thailänder, Taiwanesen ... fänden, wenn sie wüssten, dass jetzt ein Buddha oder ein Basho bei unserem Reinhard bellend wiedergeboren worden ist. An dieser Stelle muss ich jedoch die Neuigkeit hinzufügen, dass Basho, der Hund Reinhards und nicht der Haiku-Dichter Japans, selten und leiser bellt, seitdem Basho Basho genannt wird. Stattdessen versucht er, im Schneidersitz zu meditieren.

Ich befürchte gerade das. Dann würden die Touristenbusse nicht nach dem indischen Bodh Gaya fahren, dem Ort, wo Buddha seine Erleuchtung fand. Sondern nach Botnang bei Stuttgart, wo Reinhard Döhl lebt. Unser Alter. Mit Basho natürlich.

Die DaF-Dozenten (Deutsch als Fremdsprache-Dozenten) bringen Ausländern sowohl gutes Deutsch als auch die deutsche Kultur bei. Einmal thematisierte ein Professor in seinem Seminar Hunde und sagte, dass für uns – „uns" heißt hier: für uns Deutsche – Hunde wichtiger sind als Menschen in manchen Ländern. Manche Länder? Welche?

Andererseits glauben die Hindus, dass sich der Schöpfergott Brahma in jedem Teilchen des Universums offenbaren kann – in Kühen und Ochsen, in Steinen und Bäumen. Also, auch in Katzen und Hunden.

Somit kann ich mir gut vorstellen, dass unser Alter Döhl als moderner aszendierender Künstler mit beiden

Denkrichtungen einverstanden wäre. Mit seiner und mit der Weltanschauung weiser Inder. Die Verhaltensader der Inder ist komisch und nicht leicht durchschaubar. Für uns – „uns“ heißt hier: kultivierte bildungshungrige Deutsche – gehören sie mal zu sentimentalen feurigen Gewürz-Orientalen und mal zu ruhigen, mystischen morgenländischen Kühen. Je nachdem, ob die Materie in Hegels Wut kocht oder in Heines Delirium schwelgt.

Ja, Reinhard hat Recht. Durchaus.

Eines Morgens schüttet es. Basho weigert sich, im Unwetter mit Reinhard Döhl Gassi zu gehen. Er möchte lieber auf dem Frühstückstisch meditieren. Reinhard Döhl ist das recht. Er möchte das Gleiche: Im Schneidersitz sitzt er auf dem Boden. Seine Augen sind geschlossen und seine Hände hingebungsvoll zusammengefaltet. Er rezitiert demütig Mantras vor dem meditierenden Basho: „ ... O großer Buddha! Gib mir die Freiheit, das zu machen oder auch zu verwerfen, was ich künstlerisch für richtig und wichtig oder falsch halte. Ja gib sie mir. Und keinem anderem. Nur mir. O Ja!!!!!“

Basho, der Hund, die göttliche Offenbarung Brahmas, der reinkarnierte Buddha, der abgeschiedene japanische Haiku-Dichter, lässt kurze „WAU! WAU!“ bei jeder Mantra-Wiederholung ab. Das bedeutet: „Ja, nur dir! Nur dir! Reinhard, mein Treuer!“ Der Alte erkennt das – die Bejahung der Götter! Und eine Rinne unter dem Frühstückstisch läuft gemächlich voran. Basho ist nicht Gassi gegangen. Macht nichts – so geht es auch. Seine zugespitzte Geschlechtsnadel erleichtert sich. So wie seine Blase.

Der Dackel

Im letzten Leben war ich
eine Bulldogge.
Kräftig und hässlich.
Mein Herr gab mir Befehle.
Und ich wurde immer braver.

Mein Karma waren gute Taten.
Es hat sich gelohnt.
Jetzt bin ich ein Dackel.
Klein und süß.

Gleichberechtigt
meine Herrin und ich:
zusammen einkaufen,
zusammen frühstücken,
zusammen Glotze gucken.
Wenn sie sich aufregt,
sage ich auch ein „WAU“ drauf.

Gestern spuckte einer auf die Straße.
Meine Herrin ihn beschimpfte[2]
und damit nicht aufhörte[3].
Der arme Mann zitternd sich duckte.
Im Magen spürte ich ein großes Gelächter,
und ich schiss mitten auf die Straße.

Vierzig Badewannen

[Nachts solle man im Liegewagen eines indischen Zugs fahren, um ein anderes Beispiel zu erleben. Nur befindet sich in jedem Waggon einer, der ununterbrochen in einer Lautstärke sägt, die den Ohren buchstäblich wehtut.]

Seit der Moderne herrscht in der Frauenwelt uneingeschränkt die Ansicht, dass die Hunde ihre Eigenschaften auf die Männer übertragen haben, wenn es um die Erleichterung der Blase geht. Beide Arten joggen von sich aus gerne, und sie sehen in Bäumchen ihre bevorzugten Pissoirs. Die eventuellen anderen Vergleichspunkte, zum Beispiel: „Bellen", „Kläffen", „Anschreien", sollen erst mal undisputiert dahingestellt sein.

Auch seit der Moderne lassen sich wegen der „Rhonchopathie" immer mehr Liebespaare trennen. Zumindest in der modernen Welt. Der Lärmpegel ist einfach nicht auszuhalten. Obwohl nicht wenige Frauen beim Schlafen Nasengeräusche machen, wird Schnarchen mehr den Männern zugeordnet. Somit gibt es auch Frauen, die sich von ihren Ehegatten trennen lassen, weil sie unerträglich laut schnarchen.

Nachts solle man im Liegewagen eines indischen Zugs fahren, um ein anderes Beispiel zu erleben. Nur befindet sich in jedem Waggon einer, der ununterbrochen in einer Lautstärke sägt, die den Ohren buchstäblich wehtut. Noch erstaunlicher ist, dass das Wiehern jenes schlafenden Pferdes von der Kollektive geduldet wird. In dem finsteren Schlafwagen liegen Hunderte Menschen still, und das einzelne Ross trabt ungestört wiehernd bis zur morgigen Stunde. Seltsam, die Inder.

Auch beim Heulen ähneln die Männer den Tieren. Dass der Vater Unser nur uns Menschen die Gabe des Heulens geschenkt hat, stellt unsere Wissenschaft wiederholt fest. Denn die Tiere könnten ja aus emotionalen Gründen nicht heulen, weil sie wissenschaftlich nur begrenzt traurig sein können. Sie verfügten bloß wie die Menschen über Drüsenapparate, die durch äußerliche Reize getränt werden können. So wie bei wenigen Männern gibt es einen kleinen Verdacht, dass bloß Nagetiere eventuell aus Kummer und Schmerz rötliche, blutige Tränen fallen lassen und vergießen würden. Wenn ja, dann richtig und männlich halt.

Eine Veröffentlichung des Kultursenders 3SAT besagt, dass gegebenenfalls ein See von zwanzig Quadratkilometern und von vier Metern Tiefe entstehen würde, würden wir die Tränen aller Frauen auf der Welt aufsammeln. Von dieser allgemeinen Aussage geht die wissenschaftliche Studie weiter ins Spezifische, und sie legt uns die erschreckende Tränendiskrepanz in Deutschland bloß: Circa vierzig Badewannen würden im deutschen Lande täglich voll zusammengeschluchzt sein. Vierunddreißig davon füllen unsere Frauen auf.

In Religionen sollen die Tränen als Beweismaterial für Authentizität und Aufrichtigkeit gelten. Ein frommer Guter bedeutet: Träne, Träne, Träne plus / Ein frommer Guter bedeutet: eine Heulsuse!

Schwarzfahrer im Frühling

Als heute die Linie 30
am Leipziger Platz kontrolliert wurde,
wurden zwei erwischt.
Und beide waren – gegen jede Erwartung –
Einheimische in Anzügen.
Ja, gegen alle Erwartungen,
weil im Bus auch viele andere saßen:
Aus dem DUDU-Busch einige Trommler.
Die gelben CHING-CHANG-CHUNGs,
die Affenfresser!
Und einige Inder-Kinder, die mit Finger essen
und Kuh anbeten.
Und als ein Ausländer,
der kein Amerikaner war,
atmete ich tief aus,
und mein Magen wurde leichter,
als verfärbte sich mein Schandfleck.
Ja, die beiden Schwarzfahrer waren Einheimische.
Das sah man an ihren Ausweisen
und vor allem an ihrem Verhalten.
Ihre Gesichter waren cool,
regungslos.
Und am Verhalten der KVG-Kontrolleure,
die Strafzettel schrieben, regungslos.
Da der edle Herrenanzug des Einen in die Augen stach,
flüsterten zwei Damen:
„Komisch, der hat es doch nicht nötig!"
Und einige *andere* grinsten.

Das Klassenzimmer

Sie sind hell,
die Okra-Tische,
so wie die weißen Wände,
die wiederum den hellen Lichtern entgegenkommen.

Die Tafel vorne ist mittig an der Wand,
deren linke und rechte Flügel gestutzt sind –
haargenau, nach dem gleichen Maß.

Alles scheint in Symmetrie zu sein.
Bloß schräg kommen die Schüler den Lehrern vor.
Lehrer, die in der Tat schräg sind.

Die Almosen-Spender

Mitleid ist eine Waffe,
die die Bettler gekonnt einsetzen.

So wie wir alle
sind die Almosen-Spender
die kleineren und größeren Sünder.

Es wird gespendet.
Von besseren Menschen.
Und von wenig Besseren.

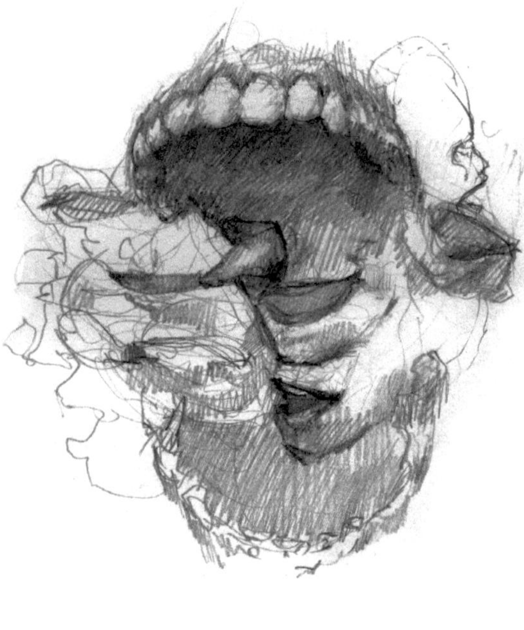

Inder und Ballack

(Ein Gesuch um das Schonen der zeitgenössischen Sprachtortur im indogermanischen Raum.)

Einen Riesenschwall Wörter höre ich allgegenwärtig in indischen Großstädten. Aus den Mündern junger, hübscher Leute, die mir noch anziehender vorkämen, wenn sie hin und wieder nur ein wenig schweigen würden. Manche gehen noch in die Schule, viele studieren in Colleges und etliche machen Ausbildung.

Über eine Reihe von Themen unterhalten sie sich: Handys, Jobs, Restaurants, MTV ... Jungs über Mädels, Mädels über Jungs. Kreuz und quer. Jeweils zwei Sätze. Es kommt mir wie Kneipen- und Diskothekengeschwätz in Deutschland vor. Ein Wortschwall prallt gegen meine Ohrtrommel:

„Was ist das?“
„Was bedeutet das?“
„Ach ja!“
„Wie schön!“
„Ich mag das!“
„Ich mag das nicht!“
„Warum?“
„Das stinkt!“
„Hi! Hi!“
„Hi! Hi!“
„Das ist ja süß!“
„Wohin gehst du?“
„Schuhe kaufen.“
„Ach, bleib doch ein bisschen!“
„Warum?“
„Nur so!“
„Hi! Hi!“
„Fünf Minuten!“

„Okay, nur wegen dir!“
„Hi! Hi!“
„Ha! Ha!“
„Wieder eine neue Hose?“
„Welche?“
„Mann! Die du jetzt trägst!“
„Ach die! Ja.“

„Hi! Hi!“
„Ha! Ha!“

Und sie reden und reden. Die Dicken. Die Schlanken. Die Großen. Die Kleinen. Die Älteren. Die Jüngeren. Ohne Pause. Ohne Stille ... Sie scheinen dabei nicht müde zu werden.

Sie schwätzen und quatschen auf Hindi, in meiner Muttersprache. Und sie vergewaltigen sie, jene melodische Sprache voller Gedankentiefe. Keine Punkte. Keine Kommata. Vergessen wir die Pause – das Schweigen.

„Wann besucht dich deine Freundin wieder?“
„Welche?“
„Die aus Deutschland!“
„Katja?“
„Ja!“
„Weiß nicht.“
„Wieso?“
„Hat sich nicht gemeldet.“
„Hi! Hi!“
„Ha! Ha!“
„ ... “
„Hi! Hi!“
„Ha! Ha!“
„So sind die deutschen Frauen!“
„Was? So sind die Frauen halt!“
„Stimmt!“
„Die Männer verdienen das!“

„Hi! Hi!“
„Ha! Ha!“
„Wisst ihr, dass morgen die Champions League beginnt?!“
„Ja, wir alle kommen zu dir, Arun!“
„Jo, deine Eltern haben Kabelfernsehen!“
„ … “
„Morgen fahren in der Stadt keine Busse!“
„Ätzend! Warum?“
„Die Busfahrer streiken!“
„Wieder?“
„Scheiße!“
„O Mann!“
„Arun hat ein Auto. Er kann uns abholen!“
„Mann, ich wieder!“
„Klar du!“
„Hi! Hi!“
„Ha! Ha!“
„Jetzt muss ich weg!“
„Warum?“
„Muss Schuhe kaufen!“
„Geh doch!“
„Hi! Hi!“
„Ha! Ha!“

Ich wünsche mir, dass sie lachten – ununterbrochen, minutenlang.

Oder schrien, ununterbrochen.

Oder pausenlos heulten.

Im Notfall: wütend brüllten – in einem Atemzug.

Damit könnte sich die Sprache eine Weile ausruhen, sich aufs Ohr legen: einatmen und ausatmen.

Und es gibt Fußballfans in beiden Ländern. Die Inder können schlecht Fußball spielen.

Dafür jubeln sie für die Tore von Ballack und von der deutschen Fußballmannschaft, und wenn es um irrsinniges Schwätzen während der Langeweile geht, scheinen sie den Deutschen die Stirn zu bieten.

„Wie ist jede – aber auch jede – Sprache schön, wenn in ihr nicht nur geschwätzt, sondern auch gesagt wird!“, äußerte seine Empfindung der deutsche Dichter Christian Morgenstern vor Jahrzehnten, als die Menschen nach dem Geschwätz schmachteten, genauso viel wie heute.

Neu-Delhier Brecht-Zentrum: ein Alptraum

(Jedes Jahr am 03. Oktober wird diese DDR-BRD-Debatte aus der Neu-Delhier Bühne aktuell!)

„Es gibt immer noch Menschen, die davon träumen, dass die BRD und die DDR wieder eins sein werden." So äußerte sich 1988 in Neu Delhi ein indischer Dozent in seinem landeskundlichen Deutschunterricht. Ein pflichtbewusster Pädagoge, der als lerneifriger Student an der Hamburger Universität sein Studium der Musik- und Literaturwissenschaften abgeschlossen hatte. Er kam in seinem niedlichen gelben VW-Käfer zur Hochschule, und wegen der Bandbreite seines Wissens gehörte der gut aussehende, unverheiratete Lehrer zu meinen Idolen. Mit seinem britischen Englisch und seinem deutschen Deutsch jagte er uns, den nicht weniger ehrgeizigen Schülern, ehrfurchtsvolle Angst ein.

Mit dem Spruch konnte kaum jemand in der Klasse etwas anfangen. Die beabsichtigte Ironie kam nicht herüber, und der weise Mann begann, über den Witzgehalt seines gelungenen Spruchs allein zu lachen. Da jetzt unser Lehrer über etwas lachte, lachten wir auch mit.

Wir waren nicht unkritische Schüler in jener erstklassigen, fremdsprachlichen Abteilung der Jawaharlal Nehru Universität. In diesem Fall war jedoch die thematische und sprachliche Diskrepanz sehr groß.

Die hochangesehene Hochschule galt als Hochburg der Marxisten, und das Deutsche Zentrum (Centre of German Studies) nannte sich Brecht-Zentrum. Da kam ich gezwungenermaßen mit Marx und Lenin in Berührung. Ich empfand die beiden als trocken, und ich versuchte, diese Hochschulgötter so weit wie möglich von mir fern zu halten. Im Gegensatz dazu interessierte mich der Dichter Bertolt Brecht immer. Nicht wegen seiner polemischen Lehren, die uns im Centre vorgegaukelt wurden: das Gute gegen das Böse, der gleichgestellte Proletarier gegenüber der klassenfeindlichen Bourgeoisie, der nahende Sieg des guten Sozialismus gleich der bevorstehende Untergang des bösen Kapitalismus. Diese Polemiken verkauften unsere sehr wohlhabenden Uni-Gelehrten mit dem Rotwein aus der BRD an uns. Die intelligenten Köpfe, die immer öfter die indische Sommerglut verließen, um im gemäßigten Klima Europas Kongresse und Tagungen zu besuchen. „Beautiful Europe" nannten sie Schottland, Heidelberg, Tübingen, Salzburg, ... Vielleicht führte der Dichterfürst Brecht auch sein Leben so harmonisch wie diese indischen Intellektuellen – gut predigen und auch gut leben. Egal! Brecht interessierte mich immer, und ich las ihn immer wieder gerne. Wegen seiner Satire, wegen seiner Ironie, wegen seiner unmittelbaren Sprache. Und nicht zu vergessen: wegen der literarischen Verarbeitung zahlreicher historischer Stoffe.

Ebenso war diese von der marxistischen Dialektik angehauchte Universität für mich interessant aus Gründen, die auch alle anderen guten Hochschulen Indiens anbieten: eine erstklassige kostenlose Ausbildung, komfortable Unterkunft im Studentenwohnheim, ein sehr gutes, günstiges Essen, über das die Studenten pausenlos meckerten. Und noch wichtiger waren für uns Männer die hübschen Großstadtstudentinnen, mit denen die Jungs die ganze Zeit in Cafés saßen. Oder sie verbrachten die schönen indischen wolkenlosen Nächte draußen an Teekiosken im Freien – anmachend, flirtend und lachend.

Ich stamme aus einem überbevölkerten Flachland (Bundesstaat Bihar, die dritte Welt Indiens), dessen gesellschaftliche und feudalistische Strukturen bis heute noch weiter erstarren. Und ich mag Berge, Wälder, Wüsten, wenige Menschen, pluralistische Gesellschaften. Daher ist diese Hochschule auf dem Aravali-Gebirge für mich optimal situiert – abgelegen von der Weltmetropole Neu Delhi!

Also, ich machte mich immun gegen die Kommunismusluft und verliebte mich: in die Felsen, in die leuchtend roten Dämmerungen, in die hübschen Frauen, die enge Jeanshosen trugen und Zigaretten rauchten. Junge Studentinnen, die mit ihren Verehrern in den nahegelegenen McDonald's gingen, um Burger und Eis zu essen. Einige wollten danach mit WHISKY auf dem Felsen den marxistischen Sozialismus ausdiskutieren. Als sie so weit waren, machte ich mich auf die Socken. Und ich irrte alleine in den kühlen Nächten auf dem Campus herum, Felsblöcke antastend, Sterne anschauend und auf das Zirpen der Zikaden horchend.

Als im Jahr 1988 dieser hochqualifizierte Dozent seinen autoritären Spruch abließ, wollte ich ihm irgendwie widersprechen, aber die ehrfurchtsvolle Angst vor seiner Sprachkompetenz und der Breite seines Wissens besiegte jenen Wunsch eines 19-jährigen Schülers. Außerdem war ich damals in der Klasse der einzige Dörfler unter den zivilisierten Großstadtkindern. Einer, der damals nicht so gut das indische Inglish sprach – wie die Kinder der Metropolen, die falsches Inglish fließend sprechen. Mich irritierte damals die Tatsache wenig, dass er als Inder in Indien über die deutschen Verhältnisse einen verabsolutierenden Kommentar abließ. Vielmehr widerte mich seine Sicherheit an, mit der er ein Urteil über den weltgeschichtlichen Ablauf fällte. Einen Ablauf, dessen Geschwindigkeit und Richtung sich nicht selten als inkonsequent, inkohärent und strudelnd erweisen.

Das Statement jährte sich kaum, und es ging mit dem Spektakel los. Studenten aus allen Fakultäten hockten voller Neugier und Spannung im Gemeinschaftsraum des Studentenwohnheims und sahen dem Mauerfall in der Zauberkiste zu, gerührt und applaudierend. Ich wurde von Freunden auf dem Laufenden gehalten, weil ich selten länger Fernsehen sah. Man musste sehr früh viel jobben im bitteren, harten Neu Delhier Kapitalismus, weil sich die Fäden meiner bürgerlichen Familie immer weiter auflösten. Die wenigen freien Stunden reichten kaum aus für die Frauenbewunderung, für die dämmernden Abende, für die duftenden Nächte ...

Das Delhier Brecht-Zentrum alias Centre of German Studies lud in jener turbulenten Phase der Weltgeschichte einen Verteidiger der Heimat Brechts, genauer gesagt einen Diplomaten der DDR-Botschaft, zu einer Podiumsdiskussion ein. Der gutgewachsene Volksvertreter kam mit seiner simultanen Dolmetscherin, deren Fähigkeit und Schnelligkeit alle englischsprechenden indischen Professoren in Verlegenheit brachte. Die Diskussion eröffnete wiederum der gleiche Dozent mit seinem britischen Englisch. Auf der Sitzung saßen auch zwei Wessis, zwei DAAD-Lektoren, still, mit Fragezeichengesichtern. Währenddessen verteidigte der DDR-Volksvertreter souverän und zugleich verbittert seine untergehende Republik. Die Quintessenz seiner Sätze war etwa so: Der Westen oder der Kapitalismus setze alle Mittel, Geld und Propaganda ein, um sein Land zu erobern und sein Volk durch Verführung zu beirren.

Eine Untersuchung des germanistischen Instituts in Halle besagt, dass die Ost-Deutschen das west-deutsche Vokabular vollständig übernommen haben. So steht es in den Zeitungen zum zehnten Jahr der deutschen Wiedervereinigung. Und ich befürchte, dass wieder ein Neu-Delhier Germanist diese Feststellung und die damalige Äußerung des DDR-Botschafters in eine Länge ziehen würde, um dann zu sagen: „Klar doch! Das habe ich doch behauptet! Der böse Kapitalismus hat den guten Sozialismus erobert und ihn ausgerottet ... der Demokratischen Republik den Garaus gemacht ...“ Halt! Stopp! Nicht wieder so schnell! Das Hallesche Germanistische Institut ist auch der Meinung, dass es auch gewisse ost-deutsche Begriffe gibt, und zwar ein paar, die in den alltäglichen Sprachgebrauch eines jeden Deutschen eingedrungen sein sollen, zum Beispiel „angedacht" und „abgenickt". Ich rufe im Nachhinein meine Freunde an und frage nach diesen zwei Wörtern. Alle können mit dem ersten gewöhnliche Sätze bilden. Mit dem zweiten haben sie allerdings Schwierigkeiten. Ich auch.[4]

Kanton Baden-Württemberg

(Kasseler Autor reist wiederholt durch die Schweiz)

I. Wiederholte Begegnungen

Während ich in den letzten Jahren öffentliche Lesungen und Schulateliers in Winterthur (Zürich) und St. Gallen, in Moosmühle (Thurgau alias Mostindien) und in der graziösen See- und Berglandschaft Biel und Nidau (Bern) unter jungen und jüngeren Zuhörern gestaltete, hatte ich dieses Jahr die Freude, die Senioren der Senioreneinrichtung „Tertianum" mit meinen Geschichten anzusprechen.

II. Zollikerberg: Nervosität, Naturidylle und die Gutenachtgeschichten der Mutter!

Aus Versehen sind wir (mein Kritiker Jürgen Suberg und ich) eine Haltestelle vorher in Zollikerberg-Spital ausgestiegen. Dieser Irrtum machte uns zuerst nervös, bis die ausführliche und mit Elan vorgebrachte Erläuterung des Jungen aus dem Sägewerk uns das zügige Fortkommen ermöglichte. Umso schöner erwies sich der Wanderweg über die Bachrinnsale und die begrünten, frischen Wiesen hinauf zur Residenz in der Höhe.

Da ein schöner warmer Sommertag war, rätselten der Einrichtungsdirektor und der Autor über die tatsächliche Zuhöreranzahl. Der Durchschnitt wurde mit einundzwanzig aufmerksamen Gästen deutlich überschritten. Was mich auf jener Lesung jedoch äußerst rührte, war der folgende Kommentar einer Dame in ihren achtziger Jahren, etwa: „Was und wie Sie die Geschichten vorgelesen haben, hat mich sehr an meine Mutter erinnert. Als ich Mädchen war, erzählte sie mir so wie Sie heute allezeit Gutenachtgeschichten."

III. Dichterlesung mit „Joggeli“ und „FC Züri“: Basel St. Jakob-Park

Ich habe weltweit in über fünfhundert diversen Einrichtungen gelesen, aber diesmal hatte ich die Premiere im Fußballstadion St.-Jakob-Park, wo der FC Basel beheimatet ist. Die exklusive Privatarena für Senioren heißt „Joggeliblick“, von wo aus die Seniorenheimbewohner (sitzend) und die Mitarbeiter (stehend) durch die stabile, durchsichtige Glaswand agierende Füße und Beine an der rollenden Lederkugel bewundern. Die Dichterlesung fand dort unmittelbar gegenüber den Sektoren G3 und G4 statt, und als ich hoch oben meinen Büchertisch ausbreitete, wurden unten die Sitzreihe für das bedeutende Abendspiel der Saison, „Joggeli (FC Basel) gegen FC Züri (Zürich)“ geputzt.

IV. Schweizer-Deutsch

In der Schweiz kommt mir die Entwicklung der deutschen Sprache dynamischer vor. Im Wortschatz bedient sich das Swiss-Deutsch nicht nur ihrer eigenen zwei anderen Nationalsprachen, nämlich dem Französischen und Italienischen. Sondern mit „Noten“, „Break“, „Pants“, „Fondation“, „Goalie“ ... verwendet das Schweizer-Deutsch Englisch und Amerikanisch flüssig, selbstverständlich und ohne jedwedes Unbehagen. Das macht vor allem die Lektüre der regionalen Zeitungen, Magazine und Zeitschriften interessant. Nicht die der NZZ. Die Neue Züricher Zeitung scheint, sich mit Themen der Schweiz und der Welt mehr oder weniger in den Konventionen des Hochdeutschen zu bewegen.

V. Schweizer & Die Anderen

Die Schweizer sind leise und höflich und wirken gutmütig. Sie interessieren sich schon für die ganze Welt und für die anderen Kulturen. Zugleich möchten sie ihre eigenen Werte und Errungenschaften schützen. Dieses Spannungsfeld ist in der Schweiz sowohl den Schweizern als auch den vielen Fremden ständig bewusst. Andere Länder sollten sich bemühen, sich von den Schweizern bezüglich der Migration und Integration (Wir und die Anderen! Wie viel Eigenes? Wie viel Fremdes?) ein Stück abzuschneiden!

VI. Kanton Baden-Württemberg?! [5]

Wenn ich Bewohnern in meiner Wahlheimat Nordhessen mitteilte, dass die Schweizer ihren unmittelbaren Anspruch auf das südliche Bundesland Baden-Württemberg stellen würden, würde ich höchstwahrscheinlich für einen Witzbold gehalten. Jedoch hat dieses Ziel die nicht zu unterschätzende und nicht unbedingt wenig beliebte Schweizerische Volkspartei auf ihrem Wahlprogramm. Nämlich, die kleine Schweiz mittels Einverleiben großer, angrenzender Nachbargebiete zu vergrößern. Die Swiss-Tageszeitungen hatten das als ein Thema wiederholt in diesem Sommer, und jene Minarettenängste der vergangenen Wintermonate waren nicht zu spüren.

Darüber unterhielt ich mich mit ein paar Schweizern, die das Thema mit einem Fremden eher meiden wollten. Ich erhielt bloß indirekte Antworten, z.B. in der Schweiz hätte der Kanton Baden-Württemberg wesentlich mehr wirtschaftliche Vorteile als derzeit in Deutschland.

Da mir bis jetzt in Deutschland das unangenehme Thema nie zu Ohren kam, interessierte mich auch der Modus Operandi der Schweizerischen Volkspartei unter den Deutschen Bürgern im Bundesland Baden-Württemberg.

Mit welchen Parolen sollen die nationalen Gesinnungen beeinflusst und dann umgeändert werden? Würde der wirtschaftliche Vorteil als Steuervergünstigungen & Co. ausreichen? Wie ist es mit der Anwendung der Gewalt: IRA? Baskenland? ... Kaschmir? Da der Artikel in der Fußnote (siehe Link) nicht viele Auskünfte über meine Fragen gibt, erkundigte ich mich bei meinen Schweizer Freunden nach der Wählerschaft der Schweizerischen Volkspartei. Sie liege schätzungsweise bei über 30%.

Cricket-Stars & Cheerleading Girls

Prolog: *Gabriella Pasqualotto war eine sehr gut verdienende Cheerleaderin in der Indien Premier League IPL, im Milliardengeschäft während des jährlichen, unvergleichbaren Wettbewerbs indischer Cricketmannschaften, mit einem adäquaten Diva-Gesicht und einer angebrachten athletischen – sogar explosiven – Figur. Die glamouröse Südafrikanerin wurde 2011 jedoch unmittelbar ihren Vertrag samt ihrem Lebensunterhalt los, nachdem ihr würzig-heißer BLOG „The Secret Diary of an IPL Cheerleader" mit seinem Thread (seiner www-Anschrift) an die Öffentlichkeit gelangte.*[6] *In den Chroniken ihres Tagebuches schildert die Diva die penetranten, sich wiederholenden Beischlaf-Einladungen australischer Cricketstars neben den lüsternen Blicken der Inder „Walking Porns". Wegen des wohl erwarteten Aufruhrs in der traditionellen, sittlichen Cricketwelt und vor allem, da Frau Pasqualotto von heute auf morgen ihre finanzielle Sicherheit loswurde, musste das Mädchen ihrer Lebensexistenz wegen nachtwittern, so etwa: „In meinem Blog meinte ich das Ganze leicht und witzig, und leider wurde es ernsthaft angenommen. Man hätte daraus keine Szene machen sollen!"*

i. Über den offiziellen und inoffiziellen Nationalsport

Indiens Nationalsport heißt Field-Hockey, und die indische Herrenmannschaft gewann als einzige achtfach olympische Goldmedaille, davon sechs hintereinander. Damals wurde im Land auch Cricket mit großem Eifer gespielt, und die indischen Cricketspieler schauten zu Ausralien und England (heute gelegentlich ein Underdog im Cricket!) auf.

Es erfolgte jedoch nach jener goldenen Ära bis 1980 eine lange Schlafphase im indischen Hockey. Und das ganze Land ist nach Jahren der Hockey-Erniedrigung wieder ganz stolz darauf, dass sich die indische Mannschaft nach einer 8-jährigen Pause nochmals würdevoll für die Londoner Olympiade 2012 qualifiziert hat.

In den letzten zwei bis drei Jahrzehnten entwickelte sich das koloniale Erbe Cricket zu dem eigentlichen, inoffiziellen Nationalsport, in dem inzwischen die Seele des Milliardenvolks zu stecken und gedeihen scheint. In diesem Zeitraum krönte sich das indische Cricket zweifach als Weltmeister, und derzeit behauptet sich das Land als die erfolgreichste Cricket-Nation mit seinen ständigen, hohen Platzierungen in unterschiedlichsten Ligen des World-Crickets: Champions-League, One-Day Cricket, Test-Cricket ... und das teuerste und reichste IPL. Die Milliarden-Inder haben es mit ihren Fernseheinschaltquoten und mit ihren überfüllten Cricket-Stadien dazu gebracht, dass die gigantische Cricket-Wirtschaft von BCCI, dem Indischen Cricket-Verband, wenn nicht dirigiert dann äußerst beeinflusst wird. Den Nationalspielern Indiens, die als Multimillionäre zu den Reichsten des Landes zählen, verleihen die Universitäten weltweit Doktorwürden. Es boome das indische Cricket!

ii. Über die närrische Beliebtheit der Nationalsportarten

Mit meinem Kritiker, Berater und zugleich äußerst anregenden Gesprächspartner Jürgen Suberg unterhielt ich mich mal über die Weltvölker und ihre beliebtesten Sportarten. Dabei gab es zwischen uns einen Konsens, dass die Völker jene Sportarten zumeist und gerne anschauen, in denen sie wiederholt Siege erringen: Deutsche,

Italiener, Spanier ... fiebern vor der rollenden runden Lederkugel! Engländer, Inder, Pakistaner ... messen ihren Nationalstolz bei jenem Ball- und Schlägersport, dessen Hunderte von Spielregeln einen Spieler mehr ermüden bzw. entkräften als sein Stehen unter der Sonne auf dem Spielfeld! Die Völker der offiziellen Weltmacht Nr. 1 haben ihre eigenen patentierten Sportarten Baseball, Basketball und American Football!

Dass die USA mit ihrem Nachbarschwesterlein Kanada der zweitgrößte Markt nach Indien für Cricket geworden sind, hängt mit ihrer großen, rapide zunehmenden Diaspora aus Südasien zusammen.

iii. Der Mythos: Cricket, die koloniale Sportart

Und da bei den Geschäften um Cricket nicht weniger Milliarden als bei denen um die Kugel aus Leder herausspringen, ist der alte Mythos längst weggefegt, dass bloß die ehemaligen britischen Kolonien ihre zurückgebliebenen Sehnsüchte nach ihren abgedankten gesitteten Gentlemen-Herren mit der Droge Cricket weiter pflegen würden. Von wegen! Inzwischen gibt es in B- und C-Ligen Hunderte Länder, von Japan über China bis nach Spanien, die sich in den von ICC regelmäßigen veranstalteten Spielen mit Leib und Seele zum Aufstieg bemühen, damit ihr Traum einmal verwirklicht wird, nämlich: gegen die Inder, die gegenwärtigen Götter des Crickets, zu spielen.

Diese ungeheure wirtschaftliche Dimension des Herren-Crickets trägt auch ein wenig zu der weltweit wachsenden Popularität des Damen-Crickets bei.

iv. The God of Cricket

Jeder Cricket-Spieler und ebenso jeder Cricket-Liebhaber schmachtet nach einem Blick von SRT, The God of Cricket. Sachin Ramesh Tendulkar[7], auch alias The Little Master – so lautet der Name des kleinen, wortkargen, oft schüchtern lächelnden Inders. Die Legende besitzt unter ihren Namen nicht nur die meisten Batting-Rekorde im Cricket-Archiv. Vielmehr behaupten die Kommentatoren, Trainer und Sportgurus, dass manche Rekorde von Sachin in der Zukunft nicht zu übertreffen sein werden. Als Begründung ihrer Hypothese zeigen die Wissenschaftler des Sports den gewaltigen Unterschied in der Statistiktabelle zwischen dem jeweiligen Rang Eins und Zwei. Ein Beispiel bis zum Mai 2012: 1. Sachin Tendulkar (Spielzeitraum:1989-2012): 100 x Hunderter 2. JH Kallis (Spielzeitraum:1995-2012): 51 x Hunderter!

Ein alter Bericht aus dem Frühjahr 2011 ermittelt, dass die Anzahl der Twitter Follower von Sachin Tendulkar eine Million überschritten hat.

v. Nach Göttern, die Dämonen

Wie die Beischlafangebote australischer Cricketspieler im Blog Pasqualottos, kommt es nicht selten vor, dass sich auch die Stars des Crickets wie die der anderen, exklusiven Sportarten mit den Grazien der Hollywood-, Bollywood-, Mode- und nicht zuletzt Pornowelt in ihren Hotelzimmern aufhalten. Dieser Versuchung der Begierde wären die indischen Spieler ohne Ausnahme ausgesetzt, würden sie dabei die immensen Risiken nicht eingehen, weil bei dem unsittlichen Fleischgenuss die Errungenschaften ihrer ganzen Karriere auf dem Spiel stünden.

Nicht nur würden sich die Götter durch Bekanntwerden eines Sexskandals in die Dämonen verwandeln. Die indischen Spieler hätten auch mit existentiellen Konsequenzen zu rechnen: Ihre graziösen Ehefrauen (zumeist die Bollywood-Schauspielerinnen, die Töchter der Landesabgeordneten, die Sprösslinge der Wirtschaftsgiganten) reichten die Scheidung ein, und die Werbeaufträge für Millionen kämen dem Star im Verruf unmittelbar abhanden.

vi. Die schwarzen Schafe

Laut dem scharfgewürzten Cheerleader-Blog ließe sich das oben ausdiskutierte Dämonenimage sehr gut auf die Straßeninder ohne VIP-Privilegien übertragen. Sie sehen in der Glotze oder höchstens in den überfüllten Stadien mit einer Entfernung die halbnackten Blondinen, deren explosiv-explodierende Körperglieder in engsten, auf die Haut genähten Stofffetzen auf der Bühne hin- und her-, hoch- und runterspringen. Wenn sie, diese jungen Männer (gewöhnlich-sittlich ohne Freundinnen!!!) ihren Glückstag haben, begegnen sie auf einmal live in den indischen Cricket-Städten Frau Pasqualotto und ihren Cheerleader-Freundinnen bei ihren Einkaufstouren auf offener Straße in unmittelbaren Nähe. Dabei können die Jungs ihren mechanisierten „Walking-Porn-Roboter-Blicken“ schlechthin einen Einhalt gewähren.

Epilog: Die prädestinierte Harmonie der funktionierenden Welt

Alles auf dem richtigen Platz in der funktionierenden Welt! Der Gott, der Jeden liebt, sorgt dafür! Die Urmonade kümmert sich um die Harmonie aller anderen Monaden, weil alle Anderen letztendlich ihre Erzeugnisse sind! Nur dem Schöpfer Brahma sei es erlaubt, die Welt zu schaffen, zu vernichten und zu erneuern! Die Wirtschaftssysteme, Staatsapparate, Verwaltungsmaschinerien ... müssen mehr oder wenig gut funktionieren – ohne die Einmischung einzelner Friedstörer! Das unterstreicht das Nachtwittern des arbeitslos gewordenen Cheerleading-Mädchens, so etwa: „Eigentlich wollte ich in meinem Blog bloß harmlos, humorvoll und witzig sein. Aber man hat daraus eine Szene kreiert!“

Wuppertaler Bahnhof

Als vor dem Wuppertaler Bahnhof
ich in den Kot hineintrat,
sah ich gegenüber die Stadtreklame:
„Von Natur aus schön!
Wir lassen es dabei!“

Sparkassenäpfel

„Was hat ein Apfel mit der Bank zu tun?", regte sich Oktay, der kurdische Junge an der Theke (in der Xallo-Bar) auf.

„Was meinst du?"

„Die Sparkassen in Kassel bieten dieser Tage ihren Kunden Äpfel an!"

„Ach ja! Richtig!"

Dabei dachte ich zuerst an die Webseite der Kasseler Sparkasse, die auf ihrer Eingangsseite ein imposantes Bild eines wohlgesunden Apfels platziert hatte.

„Hm."

Zuerst waren wir heute beim Thema „Fußball", und einer von uns ließ den Spruch ab, dass bei uns hier in Deutschland viel mit Kraft gespielt wird. Im Gegensatz zu den Argentiniern, die ihre Dribbelkünste bei Weltmeisterschaften würdevoll zur Schau stellen.

Danach unterhielten wir uns über deutsche Stereotypen bzw. Tugenden. In dieser Angelegenheit konnten wir Äpfel nicht vermeiden.

„‚Apfel!', ‚Apfelmus!', ‚Apfelbaum!' gehören zu den Deutschen. Das Gefühl der Heimat besteht auch aus denen. Mit der Apfelwerbung möchte die Kasseler Sparkasse den Kunden kundtun, dass sich das deutsche Kredit-Institut um das Volkswohl in Deutschland kümmert."

Oktay, der flinke, spontane Junge, hörte mir die ganze Zeit geduldig zu. Sobald ich aufhörte, schrie er euphorisch: „Was? Das heißt dann, dass Adam ein Deutscher war?"

Sprachlos schallte mein Gelächter über die Theke: „Ja, vielleicht! Wer weiß?"

Gleichzeitig fiel mir ein, dass ich in meiner Kasseler Clique doch einen deutschen Jungen namens Adam habe. Ich lachte eine Minute weiter, weil ich auch an die Situation dachte, als ich damals – vor circa einem Jahr – einer Studentin im Grundstudium Adam vorstellte. Sie, die junge Frau, hatte hysterisch an- und auslachend wiederholt: „Hallo Adam! Er heißt Adam! Kennst du schon einen Adam?“ Der im Gesicht rot angelaufene Junge drehte den Kopf weg und schien nichts zu hören.

„Übrigens, Oktay! Du magst mit deiner Behauptung Recht haben! Ich kenne einen deutschen Jungen, der tatsächlich Adam heißt!“

„Ehrlich? Das bedeutet: Die Sparkasse möchte die Werbung für den Apfelnachwuchs machen?!“

„Ja, das kann auch durchaus möglich sein!“

Energisch schloss Oktay ab: „Hast Recht! Wir haben hier schon zu viele Nachwüchse von Ananas und Mangos!“

Darauf fiel ein Spruch aus der Nachbarschaft in den Raum, den ich weder in den Mund nehmen noch hier aufschreiben möchte. Jener würde weder dem Apfel noch der Mango behagen.

Und nicht zu vergessen, ich persönlich bleibe weiterhin der Kunde der Kasseler Sparkasse.

weihnachtsschmerz

eingehüllt
wandert
der schmerz
über weihnachtstage

vorbei
an märkten
schänken
und vollgestopften
warentütchen

der schmerz
schleicht
über weihnachten

unverschleiert unverfroren
ihm hinterher –

der samt seinem weißen bart

Rückflug aus dem Urlaub

Hintergrund: Nach dem Sommerurlaub kehren die deutschen Touristen von der Insel nach Hause, nach Deutschland zurück. Manche davon sind bloß Partygäste, die eine Nacht in der Diskothek und den darauffolgenden Tag an Stränden verbracht haben. Dann gibt es darunter auch Touris, die sich lebenslang nach den stichelnden Strahlen der Sonne sehnen. Es gibt auch Familienurlauber, deren Kinder und Eltern im Gedränge unruhiger werden. Es ist natürlich und menschlich, dass einige Rückkehrer nicht gut drauf sind, auch weil der gängige Arbeitstag alias Alltag zu Hause in Deutschland auf uns wartet, ansteht.

Schauplatz: Eine Schlange aus 30-40 Menschen vor dem Check-in-Schalter. Die meisten sind Urlauber aus Deutschland. Hinter mir sind zwei Französinnen, zwei Partyschnecken, deren gebräunte Pfirsichhäute stellenweise verhüllt sind. Das heißt: Sie, die Französinnen wirken heiß, ibiza-heiß! Sie unterhalten sich in ihrer Muttersprache, die nochmals den Franzosen gemäß als Lingua franca des Kosmos ihren Platz einnehmen sollte. Vor mir stehen die Deutschen mit ihren zahlreichen, großen Koffern, Rucksäcken und Urlaubstaschen. Plötzlich gibt es Schreie und Anschreie, die einen in Schreck versetzen.

A *(ein robuster Deutscher in seiner zweiten Lebenshälfte brüllt jemanden an)*: „Entschuldigung heißt das!!!"

Man sieht eine gewichtige Frau hastig nach vorn vorbeieilen.

B *(die Partnerin von A, ebenso erschreckt)*: „Was?"

A *(in hoher Stimme deutet er auf die Vordränglerin hin)*:

„Sie ist vorbei gerannt und hat mich angerempelt!“

B: „Ach so!“

A: „So was?“

B: „ … “

A: „Unverschämt, ja?!“

B: „Reg dich nicht auf.“

Inzwischen gibt es eine Unruhe in einer zweiten deutschen Familie!

C *(ein Familienvater schreit seine Kinder an)***:** „Runter! Runter von der Stange! ... Das ist kein Spielplatz!“

E & F *(Kinder)***:** „Ach Mann! ... O Menno!“

C: „Nix! ... Runter!“

„ … “

„ … “

D *(die Frau von C wird nervös, sie vermisst etwas)***:** „Wo ist dein Rucksack, Markus?“

E: „Mein Rucksack?“

D *(erhebt ihre Stimme)***:** „Wo ist dein Rucksack?“

E: „O Mann! ... Wo ist mein Rucksack?“ ... *(er fängt an, zu heulen)*

D *(nervös, sauer)***:** „Markus und Jan! ... Kinder! Ihr müsst auf eure Sachen aufpassen!“

C: „Kommt! Wir gehen erst Rucksack suchen. Markus, wo ...“

Die ersten 130 Bücher [8]

(Die folgende Erinnerung thematisiert das Lyrik-Debüt „Fremde Frau – Fremder Mann" vor ca. 15. Jahren)

Prolog

[Du hast nichts von deinem Verwandten zu erwarten,
wenn er sich reicher dünkt als du.
Wichtiger sind dir deine Freunde,
deine Ziegen oder drei Ellen Kattun.]

Nachdem meine Werke einige Jahre regelmäßig in unterschiedlichen Zeitschriften, von Literaturmagazinen bis zu Heften der Entwicklungspolitik, gedruckt wurden, realisierte sich auch mein größter Wunsch, nämlich der Versuch, einen eigenständigen Lyrikband auf den Literaturmarkt zu bringen. Unter zahlreichen DKZ-Unternehmen, deren Geierblicke bloß auf die neue träumende Beute schielten, fand ich endlich einen Verlag, wenn auch nur einen Kleinverlag, dessen Anliegen aber anstelle einer unbezahlbaren Druckkostenzuschusssumme von 3.000 bis 7.000 DM für 250 bis 500 Exemplare *(Tenor: Alle genialen Dichter hatten Probleme, ihr erstes Buch auf dem Markt zu veröffentlichen – wir geben Ihnen die Chance!)* meine Texte waren. Der Verleger, der zugleich Schriftsteller und Herausgeber einer Literaturzeitschrift war, gehörte zu den wenigen Literaturkennern, die meine literarische Tätigkeit in der *Fremdsprache* durch ihre durchdachten, nicht leeren Äußerungen bis jetzt kritisch gefördert haben. So etwas erlebt ein Autor selten vor seinem Bekannt- und Berühmtwerden. Ein komisches Öffentlichkeitssyndrom, mit dem die beruflich Schreibenden eher gelassen umzugehen haben, zumal diese Öffentlichkeitstugend ihnen mal Lob und mal Tadel bringt und wenig Ernsthaftes zu ihrer Kunst beiträgt. Außerdem fand ich es ausgesprochen nett, dass der Verleger mir aus der Startauflage von 450 - 500 Exemplaren 130 Bücher zu einem sehr geringen Autorenpreis als Dichterhonorar angeboten hat. Diejenigen Schriftsteller, die sich ähnlich wie ich noch auf der Suche nach einem Verlag befinden, werden mir aus eigener Erfahrung bestätigen, dass eine solche Vereinbarung zwischen Autor und Verleger im gegenwärtigen wirren Literaturmarkt kaum zustande kommt.

Die ersten 130 Bücher

[Wenn du willst, dass etwas getan wird, tue es selbst.
Wenn du keinen Wert darauf legst, dass es getan wird,
dann beauftrage einen anderen.]

Na ja, die Bücher trafen in der ersten Februarwoche bei mir ein. Die Aufregung hatte sich gelohnt. Was das Aussehen anbelangt, übertraf das Buch meine Erwartung. Schöne leuchtend rote Farbe und darauf entsprechend eine tolle Tusche-Zeichnung von meiner Malerin Schwester Ulrikchen.

Jetzt ist die Herausforderung, diese Bücher so schnell wie möglich zu verkaufen, zumal nicht nur meine Literatur, sondern auch zum großen Teil meine Existenz[9] davon abhängen wird. Der Verlag, der wie kein anderer die Katze im Sack kaufen möchte, wird eindeutig sauer, wenn er allzu lange auf den Büchern sitzen muss. Seine ersten Andeutungen sehe ich schon. Dazu kommt, dass ich niemandem mein Buch schenke, außer zu ernsthaften Rezensionswünschen.

Verehrte Damen und Herren! An dieser Stelle räuspern einige ein „Ach!", und einige von Ihnen denken sicher, dass dieser ausländische Dichter, der ein würziger, brauner Inder und nicht ein Hollywood-Amerikaner ist, sich als Debütant doch einiges in diesem harten Bereich anmaßt. Sie haben Recht, aber die fliehende Maus hat ab und an Glück vor der jagenden Katze. Es sind kaum zwei Wochen vergangen, und ich habe etwa 70 Bücher zum Preis von DM 12,80 verkauft. Die Literaturkenner wissen auch, wieviel Lyrik zurzeit in Deutschland gedruckt, gekauft und vor allem gelesen wird. Mithin ist es eine berechtigte Frage: Wer kauft sowas? Wie mein gutherziger Literaturprofessor in seiner Sprechstunde mich nebenbei fragte: Wer lernt Hindi?[10]

Die Abnehmer dieses Buches sind einerseits Hochschulprofessoren, Ärzte, Lehrer, und andererseits gibt es eine bunte Mischung aus Buchhaltern, Studenten, Afrikanern, Asiaten, Deutschen usw. Kannte ich diese Leute schon vorher? Wird meine schriftstellerische Tätigkeit von diesen Menschen unterstützt, weil sie meine Bekannten und Freunde sind? Die ehrliche Antwort ist: Ja und Nein. Über die Hälfte der Menschen, denen ich mündlich oder per Vorbestellungskarte über diese erste kommende Publikation berichtet hatte, haben keine Reaktion gezeigt. Sie blieben entweder regungslos oder äußerten Sprüche und Kommentare: *Hast Du das Buch selbst geschrieben? ... Hast Du das Buch auf Deutsch geschrieben? ... Ist das Buch zweisprachig? ... Es wird zurzeit viel geschrieben! ...* Unter diesen Geschöpfen möchte sich kaum jemand das Buch anschauen. Dann gibt es eine andere Kategorie der Menschen, die beim Anhören der Bekanntmachung *„Klingt interessant!“* sagte. Gestern sagte mein Freund Dirk, dass *„diese Menschen jetzt bei DM 12,80 kneifen“*. Ja, es gibt in unserer Gesellschaft, die immer ärmer wird, kneifende Menschen in Hülle und Fülle. Wie jede Menge, die mit Kaugummi in der Hand sagt: *„Ich schenke es Dir!“*

Die meisten Menschen in unterschiedlichsten Ländern, die das Buch *Fremde Frau – Fremder Mann* gekauft haben, habe ich erst über mein Buch kennengelernt.

[Die Not macht, dass die Schlange
mit ihrem Bauch läuft.]

[Wenn dein Nachbar dir feindlich gesonnen ist,
verlege den Eingang deines Zeltes auf die andere Seite.]

Jetzt verrate ich meinen Lesern meine einfache Formel, mit deren Hilfe ich die ersten 130 Bücher vermarkten möchte: *auf die Menschen, Buchhandlungen, Kultureinrichtungen, Institute, kleinere und größere Literaturmagazine zugehen!* Man bereitet sich gut vor und wartet auf eine passende Gelegenheit. – Man bleibt höflich, aber nicht unterwürfig. – Wenn das Buch/ Lesungsangebot/... angenommen wird, freut man sich ohne Euphorie. Und wenn das Buch abgelehnt wird, was auch kein seltener Fall ist, bemüht man sich, sich so schnell wie möglich zu normalisieren. Das ist die ideale Strategie eines *fremden* Künstlers, der in *seiner fremden Kunst seine Heimat* gefunden hat und dem noch keine Lobby vorhanden ist. Ob so was *„Klinken putzen"* heißt, weiß ich in meinem Fall nicht genau. Außerdem könnte ich die Türklinke schlecht *putzen*, weil sich auf solchen Visiten meistens entweder ein Buch oder ein Bleistift in meiner rechten Hand befindet.

Da ich meine Kunst nicht als absurd bezeichne und mich der Äußerung meines Lehrers[11], *„... die Kunst muss einen Sinn haben..."*, annähere, heiße ich alle Arten der Kritik, wenn möglich ein wenig begründet, herzlich willkommen. Zu *Fremde Frau – Fremder Mann* sind unterschiedliche mündliche und schriftliche Leserkommentare gekommen, die *in nuce* meinem schriftstellerischen Werdegang einen weiteren Auftrieb verliehen haben. Das größte Hindernis bleibt jedoch, dass dieser Lyrikband etwas kostet und ich ihn niemandem schenken möchte. Ich bezweifele die Behauptung, dass doch einige Studenten und andere regelmäßig gerne für die Lyrik DM 12,80 ausgeben, da ich selbst als Literaturstudent und junger Autor meine Bücher im Antiquariat kaufe.

Eine hohe Anzahl der Studierenden, die sich vom Lyrikband *Fremde Frau – Fremder Mann* angesprochen fühlen, sind wie ich ausländische Studenten aus dem Süden.

Die Ausnahme stellen Inder dar (aus den erklärlichen und unerklärlichen Gründen). Dies schließe ich aus den Besuchern in den bisherigen Lesungen. Es ist eine allgemeine Tatsache, dass man als Student kaum Geld hat. Daher beeindruckt es mich umso mehr, dass auch viele schwarze und asiatische Studenten mir das Buch abgekauft haben. Jede Mark zählt für sie, die ihr Studium durch gelegentliche Jobs finanzieren. Ihnen gefiel etwas im Buch, und sie kauften es. Manche gaben mir eine zusätzliche Mark und sagten: *„Du hast das Buch gut geschrieben!"*

Unter den deutschen Kommilitonen gibt es auch diese und jene. Manche sehen das Buch kurz an, verziehen eine Weile den Mund und geben es mir kommentarlos zurück. Ein wenig ehrlicher sind jene, die zumindest sagen: *„Ich möchte es jetzt nicht kaufen!"* oder: *„Das ist nicht mein Geschmack!"* Selbstverständlich soll jeder seinen Geschmack entdecken und ausprobieren wie in einem thailändischen Restaurant den japanischen Sushi. Außerdem sollten wir uns hin und wieder bemühen, unseren Geschmack zu entwickeln und zu entfalten. Diese Hypothese sehe ich am besten dadurch bestätigt, dass während meines Aufenthalts in Deutschland der türkische Döner in Kassel jeden Tag beliebter wird. Ob wir das wollten oder nicht, die Kasseler Innenstadtstraßen haben sich zu Dönerkatakomben entwickelt.

Andererseits sind es wieder meine west- und ostdeutschen Freunde, durch deren Vorschläge, Kritik und Unterstützung diese Publikation möglich wurde. Lebenslang werde ich diesen Freunden, mit denen ich unzählige Stunden über Literatur verbringe, für ihr Interesse, für ihre Aufmerksamkeit und vor allem für ihre Offenheit dankbar sein.

[Der Lohn macht selbst dem Lahmen Beine.]

Verehrte Leser! An dieser Stelle muss ich einen Schnitt machen, weil gerade mein Professor in die Cafeteria eingetreten ist. Ich sehe in ihm den potentiellen 71. Käufer. Und ich muss mich jetzt seelisch und sprachlich vorbereiten, um ihm, dem Lyrikkenner, meinen Lyrikband zu präsentieren. Die Herausforderung ist da, weil ich nicht genau weiß, ob er auch ab und an Döner isst. Oder könnte er ein Wienerwald-Spezialist für Hähnchen sein, oder gar Eisbein mit Sauerkraut bevorzugen? Die dritte Woche hat begonnen!

[Anmerkung: Die Aphorismen sind afrikanischen Mythen, Sagen und Legenden entnommen, nach: Die galoppierende Kuhherde, Schweinfurt 2001]

Zwiegespräche auf den Indien-Veranstaltungen

Es ist ein heller Tag in der Herbstfrische, an dem ich nach einer gut besuchten Gandhi-Lesung nach Kassel zurückfahre. Keine Spur von Regenwolken am blauen Himmel. So eine Zugfahrt ist auch im Nahverkehr nach einem fröhlichen und zugleich bizarren Veranstaltungsabend ein Genuss.

Auf den Veranstaltungen zum Thema „Indien“ sind zumeist nicht nur die merkwürdigen, auffallenden Alternativen unserer Umwelt anwesend! Jene, die sich ununterbrochen auf Lebenssuche befinden. Das chaotische, mysteriöse Indien gibt den Suchenden eine Orientierung. Ein deutscher Kollege teilte mir in Weimar mit, dass auf den Lesungen im Prinzip auch mit psychisch angeschlagenen Zuhörern zu rechnen sei. Die Kunst beschäftige sich auch mit den Themen der Randzonen. Ich gehe noch einen Schritt weiter und frage mich: „Was ist denn heute normal?“, und: „Wer von uns bedarf wirklich keiner Therapie?“

Jedoch: Gerade auf den Indien-Veranstaltungen kommen äußerst interessante Fragen auf den Referenten zu, wenn er sich seinen Gesprächspartnern für ein Zwiegespräch unter vier Augen zur Verfügung stellt – vor dem Beginn und nach dem (Ab)Schluss der Veranstaltung. Die Devise lautet: „Sie haben sich für Dich Zeit genommen. ... Du bist ihnen verpflichtet!“

Ähnlich begann der schöne, gelungene Leseabend über Gandhi, dessen Organisation und Durchführung sich als erstklassig erwiesen. Schade, dass sich nachträglich der indische Gastgeberverein von meinem kritischen Essay über das Auseinander und Miteinander in Indien beleidigt fühlte. Davor lief alles reibungslos ab. Aufgrund der tatkräftigen, bodenständigen, geschäftstüchtigen Vorstandsmitglieder zeigten sich circa 40 Gäste mit Eintrittskarten.

Ein langhaariger Großgewachsener mit Zopf wurde im Lesesaal auffällig und kam mit großen Schritten auf mich zu, um mir freundlich eine neugierige Frage zu stellen: „Entschuldigen Sie, was bedeutet *„Ji"*?"

Mir war klar, dass er sich auf den Flyer-Text der Veranstaltung bezog. Auf dem stand in einer Zeile „Gandhi-Ji!" Ich erklärte dem Fragenden, dass es sich in etwa mit dem Japanischen „San" vergleichen lässt. „Ji" ist eine Hinzufügung im Namen der jeweiligen betroffenen Person, um ihm, ihr den Respekt bzw. die Ehre des Gesprächspartners zu erweisen.

„Ach so!", sagte er freundlich und verständnisvoll und lief in großen Schritten zu seiner Freundin, einer halbalternativen Rothaarigen mit langen, offenen Haaren. Ich vernahm mit meinen feingespitzten Ohren, dass sich die beiden in ihr sprachwissenschaftliches, indisches Thema „Ji" vertieften. „Wie ist dann bei den Frauen (Frauennamen)?", hörte ich schmunzelnd eine weibliche Stimme im Saal.

Klar, was wäre das mysteriöse, rätselhafte Indien ohne seine immerwährende Frauenthematik und Gender-Angelegenheiten? Da der Mann auf die Frage seiner Freundin keine Antwort wusste, kam der freundliche Langhaarige nochmals geschwind zu mir.

„Und wie ist bei den Frauen?", fragte er gezielt bezüglich der „Ji"-Thematik".

„Das Gleiche!", antwortete ich ihm.

„Ja?!", war er zutiefst überrascht. „Das Gleiche?!", exklamierte er rhetorisch, um sich zu vergewissern.

„Das Gleiche", sagte ich darauf fies grinsend.

Nach der Lesung unterhielt ich mich auch mit diesem angenehmen Paar.

Inzwischen sah ich jedoch die Kundschaft an meinem ausgebreiteten Büchertisch. Eine Dame schaute sich neugierig, überfordert und verwirrt Pressekritiken und Bücher an. Ich lief zu ihr und verwickelte mich in ein Händlergespräch.

„Die sind alle belletristischen Werke! Das ist das einzige Sachbuch über Indien, aus dem ich am heutigen Abend einen Aufsatz lesen werde", hielt ich meinen Zeigefinger auf einem gelben, bunten Buch.

Die Dame schien sich durch meine Erklärung geradewegs angesprochen zu fühlen.

„Wissen Sie, meine Tochter war gerade in Indien. Sie hat mit einigen Frauenorganisationen zusammengearbeitet."

„Ja, richtig. Das Sachbuch behandelt auch Gender-Angelegenheiten in Indien!"

...

Danach wurde das Gespräch mit der Buchkäuferin für ein Weilchen unterbrochen, weil ich aus irgendeinem Grund den Lesesaal verließ.

Draußen, auf dem Flur, begegnete ich dem zweiten Vorsitzenden des Indien-Vereins, der im Auftrag des 1. Vorsitzenden den Vortragsabend eröffnen sollte. Der freundliche Mann erkundigte sich nach meiner Hin- und Rückfahrt, nach den Fahrtzeiten. Dabei rutschten aus meinem Munde Hinweise zu den zwei unterschiedlichen Strecken, einmal über Würzburg und einmal über Mannheim. Die Hinfahrt über Mannheim war länger und ohne ICE. Die Rückfahrt über Würzburg mit ICE war kürzer. All diese korrekten Angaben wären mir, dem Fahrgast, nie ins Bewusstsein gedrungen, hätte ich den Vorsitzenden des Abends nicht im Flur getroffen. Der zweite Vorsitzende wusste über das Verkehrsnetz seiner Region Bescheid, und er begann mit der Thematik der Bahn- und Lokalpolitik.

„Über Würzburg gibt es nur ICE-Verbindungen!"

„Ja, richtig! Sie haben Recht!“, schaute ich mir meine Rückfahrkarte an.

„... Weil Heilbronn auch keine ICE-Verbindung bekommen wird“, sprach der Heilbronner in seiner vorwurfsvollen Stimme. Und er hätte mir sämtliche ungerechte Beweggründe der Bahnpolitik für Heilbronn erläutert, wäre ich weiterhin in seiner Nähe geblieben. Aber ich war abgelenkt von der interessanten Wanderausstellung über Heinrich von Kleist, den altbewährten Meisterdichter von Novellen. Als Fan und Schüler von Kleist musste ich mich der Ausstellung eine gewisse Zeit widmen. Außerdem hätte ich dem lokalpatriotischen zweiten Vorsitzenden nichts nützen können in der Rolle eines hilflos ausgelieferten Zuhörers samt Mitleidsgefühlen. Ein indischer Mitbürger kann mit seiner leichten Feder weder die Verkehrsnetzpolitik der DB noch die Lokalpolitik in Heilbronn beeinflussen.

Ich las die gelungen beschrifteten Ausstellungstafeln über Heinrich von Kleist, einen meiner Lehrer, eine gute Weile genussvoll, und danach kam ich mit Elan in die Veranstaltungshalle zurück.

Die war jetzt ziemlich warm. Ich erwähne die Temperatureinschätzung, weil der gleiche Herr des Vereinsvorstands mich am frühen Abend gefragt hatte, ob es mir in der Halle warm genug sei. Anschließend hatte er mir mitgeteilt, dass er mir die Frage stellen müsse, weil sein Körper die Kälte nie spüre. Mit seinem Körper stimme etwas nicht. Er müsse zum Arzt. Hm. Na ja, in der Halle standen jetzt viele Zuhörer für den Abend. Viele von ihnen waren mit den angebotenen indischen kulinarischen Spezialitäten, den würzigen Snacks mit vielen „s“ (Pakodas, Samosas, Papads ... Mango Lassis) beschäftigt.

An meinem Büchertisch standen zwei Persönlichkeiten: Die eine war die oben erwähnte leicht verwirrte Dame, deren Tochter in Indien mit Frauengruppen gearbeitet hatte. Sie schaute sich auch dieses Mal die ausgestellten, attraktiven Bücher verzweifelt und verwirrt an.

Der bescheidene Autor in seiner abgestumpften, aufgesetzten Rolle des Buchverkäufers ging zu der Dame und begann sich zu wiederholen:

„Das sind die belletristischen Werke! ... Wenn Sie Erzählungen, Gedichte, Romane ..."

„Nein!", unterbrach mich die Dame. „So etwas lese ich nicht. Ich muss mein Wissen erweitern!"

„Dann käme für Sie eventuell dieses Sachbuch in Frage!", zeigte ich meinen Zeigefinger auf „INDIEN – Eine Weltmacht mit inneren Schwächen!"

„Ja", sagte die Dame, und sie nahm das gemeinte, vorgezeigte Buch zur Ansicht in ihre Hand. In Gedanken war sie irgendwo anders.

„Wissen Sie, wie viele Bücher ich zu Hause habe?"

„Hm ... circa 3000?!", äußerte mein Sprechorgan mechanisch, weil ich auch bei mir zu Hause ungefähr 3000 Bücher besitze. Es war im Interesse meiner wirtschaftlichen Existenz, die potentielle Kundin bei Laune zu halten.

„Ja", bejahte sie mich. Siehe da: Ich lag richtig! Die Dame fuhr fort: „Und ich habe keine Zeit für Geschichten und Romane!"

„Ja, Sie haben Recht, das Leben ist ...", hielt ich inne, weil die Kundin inzwischen doch angefangen hatte, in das Buch hineinzuschauen. Ich wollte sie bei diesem Akt nicht stören. Das half.

„Ja, so was lese ich ... Aktuelle Sachen!"

„Schön!"

„Ich kaufe es, wenn Sie etwas hineinschreiben würden?!", verlangte die Leserin eine nette Widmung vom Verfasser und charmanten Buchverkäufer.

„Selbstverständlich!", holte ich erleichtert meinen Kugelschreiber aus der Jackentasche heraus.

Damit die Kaufentscheidung der leicht verzweifelten, freundlichen Dame doch nicht eventuell rückgängig gemacht werden konnte, begann ich rasch, in *ihr* Buch eine Widmung zu schreiben. Die Kundin erzählte mir dabei von ihren Indien-Reisen und von ihren Indien-Erlebnissen, die den Gentleman-Verkäufer nun in Verwirrung brachten: *„Hat sie mir das Geld für das Buch schon gegeben?“*

„Vielen Dank!“, nahm die Dame das ihr gewidmete Buch und machte Anstalten, ihren Sitzplatz aufzusuchen.

„Entschuldigen Sie, haben Sie mir das Geld für das Buch schon gegeben?“

„O ja, wie teuer ist es?“, holte sie ihren Geldbeutel heraus.

Die Dame zahlte das Buchgeld und ging anschließend – weiterhin verzweifelt und leicht grübelnd – zu den Sitzplatzreihen, die sich inzwischen ganz schön gefüllt hatten.

Der Vortrag über Gandhi sollte alsbald eröffnet werden, doch zuvor führte ich die bizarrste Konversation des Abends mit einer Landsfrau, die noch ein paar Jahrzehnte länger als ich in Deutschland lebte. Sie tickte nicht richtig, und sie kam zur Lesung mit ihrem ebenso merkwürdigen Ehemann. Sie stand als zweite Person am Büchertisch. Inzwischen hatte sie wahrgenommen, dass der Gentleman-Buchverkäufer von seinem letzten Kaufgespräch erlöst worden war. Folgerichtig bewegte sie sich ein paar Schritte zu ihrem freundlichen Landsmann. Mit ihrem schrägen Lächeln offenbarte sie das unglaubliche Geheimnis: „Ich kannte Gandhi persönlich!“

„Ja??????“, war ich zutiefst überrascht, jedoch sagte ich zu mir: *„Die Dame, wie viele Europäer, verwechselt M. K. Gandhi (1869 - 1948) mit vielen anderen Gandhis Indiens!“* Gandhi ist im Bundesstaat Gujarat ein sehr geläufiger Name. Ich lag falsch, weil die schräge Inderin es damit todernst meinte.

„Ja!“, wiederholte sie rhetorisch und zum Teil euphorisch. Vom Aussehen war die Dame nicht über vierzig Jahre alt. „Immer wenn er gefastet hatte, kam Gandhi zu uns. Unser Haus lag in der gleichen Straße! ...“, wollte sie mir allen Ernstes eine Psycho-Geschichte erzählen. Ich machte meine Ohren zu und schaute mir nochmals das Gesicht der Frau an: *„Ist sie circa 150 Jahre alt? Oder leidet sie an mentalen Beschwerden?“* Die zweite Auslegung hielt ich für wahrscheinlicher.

„Ja, ja ...“, sagte ich zu ihr, die mir inzwischen ganz nah gegenüberstand. Ich drehte mich dabei eilig um und ging mit großen Schritten auf die Bühne zu, um der Veranstaltungsverzögerung und meiner abendlichen geistigen Verwirrung zu entfliehen.

… Und abschließend die liebe Heirat

Annika schrieb mir: „Ich bin beeindruckt von deiner konsequenten Arbeit!“ Ihr Ton war voller Bewunderung. Geschmeichelt schrieb ich ihr zurück:

„Danke schön!“

„Jetzt sollst du endlich mal heiraten!“, schrieb Annika, mit der ich vor drei Jahren ein Techtelmechtel hatte, weiter aus Hamburg.

„Hm …“, gab ich ihr meine Bedenken zu verstehen.

Meine zögernde Andeutung kam jedoch anscheinend bei ihr nicht an, weil sie ihren Erzähl- und Schreibfluss fortsetzte.

„Es ist sehr schön!“, teilte sie mir ihr Glück mit. „Ich bin seit kurzem in einer glücklichen Beziehung! Es ist sehr schön!“

Annika studiert seit einem Jahrzehnt unterschiedliche Fächer an der Hamburger Universität – sprunghaft.

„Freut mich für dich!“, beteiligte ich mich an ihrem Glücksgefühl.

„Übrigens, ich habe jetzt einen Saxophon-Lehrer gefunden. Gut und günstig, in Ottensen!“

„Hattest du nicht vor drei Jahren angefangen, das Instrument zu lernen?“

„Ja, angefangen. Ich hatte dann aus zeitlichen Gründen den Unterricht abgebrochen. Ich musste ja nach London!“, erinnerte mich Annika.

„Ja, stimmt!“, schrieb ich ihr zustimmend, weil sie tatsächlich nach unserer allerletzten physischen Begegnung unmittelbar nach London abgeflogen war. Erinnerungen wurden geweckt.

Unser elektronisches Gespräch näherte sich dem Ende, und meine nach jedem Techtelmechtel freundlich gebliebene Bekannte wünschte mir „Viel Erfolg!"

„Danke. Kann ich gut gebrauchen. Habe im Monat September acht Veranstaltungen in sieben Städten!"

„Nein, ich wünsche dir eine tolle Frau fürs Leben", präzisierte Annika das, was sie eigentlich mit ihrem Glückwunsch gemeint hatte.

„Das kann ich dir nicht garantieren. Aber Danke für die Glückwünsche!"

„ ☺❤☺ ", kamen als Letztes leuchtend rote Liebeszeichen von ihr, bevor sie sich ausloggte.

Die Gesprächszeilen samt ihrem Ende verwirrten mich schon, nachträglich. Hm?! Warum schickte mir Annika heute als Schluss einen dicken Kuss und das knallrote Herzchen? Ein Ciao hätte vollkommen gereicht! Meinte sie es ernst, ehrlich mit ihren Glückwünschen? Oder hegte sie mit ihrem schmachtenden Kuss doch einen Hintergedanken?

Für eine Weile gingen mir nachträglich derartige Fragen durch den Kopf, und ich blieb weiterhin in meinen Erinnerungen versunken. Damals, vor drei Jahren, befand sich Annika laut ihrer Version auch in einer Beziehung, als sie nebenbei mit mir ein Techtelmechtel anfing. Oder wir könnten den Sachverhalt umgekehrt betrachten. Das heißt, wenn es den Typen, meinen Kontrahenten, nicht nur in der Fiktion Annikas, sondern zumindest teilweise auch in der Wirklichkeit gegeben haben soll, war Annika vor ihrem Auslandssemester in England mit mir in einer festen Beziehung. Und nebenbei hatte sie ein Techtelmechtel mit meinem Feind, dessen Name unsere intimen Stunden wiederholt belasteten.

Verwirrt und unzufrieden kam ich an meinem Arbeitsplatz in der Staats- und Universitätsbibliothek an, und mit Mühe gelang es mir, in den Dschungel der Aufgaben einzusteigen. Jedoch wollte der Tag seinen wirren Verlauf nicht beenden. So fand am Nachmittag ebenso eine sich ähnelnde, amüsante Kommunikation mit einem Landsmann statt. Da ich hier einen patriotischen Begriff gebraucht habe, muss über die Berufs- und Lebenslage des zweiten Inders gesagt werden, dass er als ein studierter Ingenieur gelegentlich in der Tagesschicht nagelneue Produkte, mal fabrikneue Staubsaugermarken, mal aktuelle Mobiltelefone, unter den Konsumenten der freien Marktwirtschaft promotet. Der Grund: Der Fachmann findet keine Arbeitsstelle als Ingenieur. Laut seiner eigenen Mitteilung sei es schon ein Hindernis, dass er die Sprache des deutschen Landes in der Schrift nicht könne. Schließlich war Englisch die Unterrichtssprache seines IT-Studienfaches „Kommunikationstechnik".

Der Professor und die Fachbereichsangestellten sprachen mit ihm immer und viel Englisch, wenn nicht selten ein falsches. Nach dem Abschluss des Studiums wurde der Akademiker außerhalb des Campus mitten in die Deutsche Gesellschaft geschleudert. Und da erschweren ihn und sein Leben Kultur- und Sprachdefizite. In der realen Umgebung wird nicht viel geduldet, wenn er sehr oft viel falsches Deutsch spricht. Die Verkäuferinnen im LIDL, ALDI und REWE reagieren empfindlich: „Wie bitte? ... Ich verstehe Sie nicht! ... Er spricht so komisch!"

Tief nach vorn gebeugt schrieb ich die neue Kolumne am einzelnen Arbeitstisch, als mich eine heimatländliche Stimme erschreckte: „Sie arbeiten zu viel!"

„Huch!", drehte ich mich um und sah den knochendürren, grinsenden Inder. Um gesellschaftsfähig zu bleiben, musste ich mit ihm dann ein kleines Gespräch führen. Ich versuchte zunächst, meine Vielarbeit zu rechtfertigen, indem ich zum Ausdruck brachte: „Ja, Sie haben schon Recht. Die Arbeiten haben sich aufgestapelt. Es wird Zeit, dass sie alle nach und nach abgearbeitet werden."

Meine drei Sätze schienen den Inder wenig zu interessieren, weil ich keine zusätzliche, additive Aufregung in seinem Antlitz sah. Der Mann grinste halt weiter. Nachdem mein Landsmann weiterhin über mich und die Welt eine Weile gegrinst hatte, konfrontierte er mich mit seiner überraschenden Feststellung. Er sagte mir: „Sie brauchen eine Frau!"

„Wie? Was meinen Sie?"

„Ja, Sie brauchen halt eine Frau, mit der Sie sich zu Hause nach Feierabend entspannen können!"

„Meinen Sie?!", fragte ich rhetorisch, ein wenig skeptisch. „Würde sie mir die Arbeit auch ein wenig abnehmen?!"

„Vielleicht", drückte mein Landsmann seine Hoffnung aus.

Da das Gespräch meinen bisherigen Erfahrungen und Erkenntnissen eher widersprach, fragte ich den zweiten Inder zu allerletzt: „Haben Sie so eine Frau zu Hause?"

„Nein, ich suche eine solche!"

Heinrich Heine am Ganges

Du ewiger Dichter!
Du lebtest in der Fremde.
War sie schön oder schlecht,
weiß man bis heute nicht.

Du schriebst für die Eigenen in der fremden Sprache,
und in der eigenen öfters für die Fremden.
In Versen brachtest du nach Indien deine Friedrike,
zum Säuseln der Palmen, zum Rauschen des Ganges.

Heute möchte dein Pöbel von alldem nichts wissen,
dafür bleibt es nackt auf dem Strande liegen,
wo die Palmen verschwinden.

Heute möchte auch mein Pöbel von alldem wenig wissen,
es kippt seine Exkremente ins Heilige Wasser
und lässt am Ufer Discos wildern.

Fußnoten / Anmerkungen

[1] Typischer Volkstanz der Gauchos (Argentinien)

[2 u. 3] Hinweis für die Deutschlehrer und die Hochschulgermanisten: Bewusste Abweichung von der Norm „beschimpfte ihn“ und „hörte damit nicht auf“.

[4] Verfasst am frühen Morgen des 3. Oktobers, als sich der Himmel über Sandershausen völlig aufgeklart hatte. Über Kassel war es noch bewölkt, und sämtliche Sterne schienen hinabzusteigen. Ja, sie kamen funkelnd ungewöhnlich nah herunter, bis zu meinem offenen Fester, und sagten mir: „Schau! Das ist auch möglich!“ So wie die listige, unmittelbare Sprache des Dichterfürsten Bertold Brecht, die vieles ermöglicht.

[5] http://www.tagesanzeiger.ch/schweiz/standard/SVP-will-der-Schweiz-Nachbargebiete-einverleiben/story/23529806

[6] http://thealternativecricketalmanack.com/2011/04/the-secret-diary-of-an-ipl-cheerleader-part-ii/ (Gesichtet am Dienstag, den 26. Juni 2012)

[7] Sachin ging nach seiner gigantischen Spielzeit über zwei Jahrzehnte im Internationalen Cricket im Jahr 2013 in Rente.

[8] Diese Reflexion wurde 1997 nach dem Erscheinen des ersten Lyrikbandes Fremde Frau – Fremder Mann, Schweinfurt 1997 (3. Auflage 1999) verfasst.

[9] Es wird darauf hingewiesen, dass der Autor sich und seine Kunst seit zwei Jahren nur durch Lesungshonorare und Bücherverkauf über Wasser hält.

[10] Hindi ist die erste Verfassungs- und Nationalsprache Indiens, und es gab zwei Kurse an der Volkshochschule Kassel während 1996 - 1997.

[11] Der Verfasser bezieht sich auf den Aufsatz „ars militans“ von Alfred Döblin.

Der Autor

Geboren im östlichen indischen Bundesstaat Bihar, studierte Anant Kumar in Kassel Germanistik und schrieb seine Magisterarbeit über Alfred Döblins Epos „Manas".

„He has expanded the horizons of *Ausländerliteratur*", schrieb World Literature Today, Oklahoma, über sein Debüt „Fremde Frau – Fremder Mann". In über 650 Einrichtungen (Schulen, Hochschulen ... bis Justizvollzugsanstalten) führte Anant Kumar in den letzten Jahren Lesungen und Workshops für die unterschiedlichsten Alters- und Kulturgruppen durch: für Senioren, für Studenten, für Straftäter. Seine Auftritte sind für ihre Heiter- und Lebendigkeit über Deutschland hinaus bekannt. Die Lesungsorte erstrecken sich vom sächsischen Zschopau über die südbayerische Stadt Sonthofen bis nach Berlin, ebenso wie vom Goethe Institut Bombay bis zur The University of Texas at Austin.

Verfasser von 17 Titeln (Gedichte, Geschichten, Satiren, Essays, Kinderbücher, Sachbuch, Roman ...) www.anant-kumar.de

Auszeichnungen (eine Auswahl):

Poeticus-Kurzgeschichten-Preis Spittal/A 2003; Förderstipendium Sylt-Quelle, Rantum 2003; Finalist Würth-Literatur-Preis 2002 (Tübinger Poetik-Dozentur); Finalist UNESCO-May-Ayim-Award (Lyrik), Berlin 2004; Rudolf-Descher-Feder der IGdA 2006; Finalist 14. Kurzgeschichten-Menü Wettbewerb, h+s veranstaltungen GmbH, München 2010; Arbeitsabschlussstipendium „FRIDO – EINE DEUTSCHE STIMME" (Erzählungen), Hessisches Ministerium für Wissenschaft und Kunst, Wiesbaden 2011; Finalist mit dem Trostpreis „Ephraim-Kishon-Literaturpreis", München 2012; Finalist „Geertje Potasch-Suhr Prize for prose", CSU, Colorado 2012; Gast-Dozentur US-Germanistik 2013; Gast-Dozentur Indische Germanistik 2014; Werkförderung „DIPAK TALGERI", Roman, Hessisches Ministerium für Wissenschaft und Kunst, Wiesbaden 2014; Stadtschreiberpreis der Residenzstadt Gotha 2015

Pressestimmen:

Es geht um Liebe, um die Mikroebenen menschlicher Beziehungen, kurz: um ganz Alltägliches. Dies, die Möglichkeit, sich zu identifizieren, aber auch sich „ertappt" zu fühlen, macht den Reiz der Arbeiten Kumars aus. **taz**

To borrow one final time from Canetti, Kumar's seems to be the tongue set free that speaks of promise for writers of German literature, regardless of their origin – a tongue whose mouth is less important than the words it utters.

The International Fiction Review, Canada

Eine von Kumars Stärken ist zweifellos, dass er in vielen Genres zu Hause ist.

Mitteldeutsche Zeitung

Blogs:

„Poetry & Schools" – http://poetryschools.wordpress.com/
„Poesie Hinter Gittern" – http://poesiehintergittern.wordpress.com/
Bilinguale (Deutsch-Englische) Lesungen: „Stories Beyond Borders" – http://storiesbeyondbanks.wordpress.com/

Webseiten:

www.anant-kumar.de
www.vs-hessen.de/contents/mitglieder/kumar_anant.htm

Der Zeichner

Ulrich Suberg studierte an Kunsthochschulen und -Akademien in Groningen (Niederlanden), in Florenz (Italien) und in Göteborg (Schweden).

Er hat bereits IBIZA (2013) von Anant Kumar illustriert.

Jetzt anders! Ein Lesebuch voller Vielfalt und für Toleranz

Hrsg. Franziska Röchter

chiliverlag 2014, ISBN 978-3-943292-15-2

188 Seiten, EUR 12,90

Von Alkoholismus, Asperger Syndrom / Autismus und Ausgrenzung, Body Integrity Identity Disorder, Depression, Fetischismus, Inklusion, Psychose, Schizophrenie bis hin zu Homo- und Transsexualität und Zwangsstörungen reichen die „besonderen" Erscheinungsformen vielfältiger menschlicher Existenz, mit denen sich 35 Autorinnen und Autoren in diesem Buch literarisch auseinandersetzen. Unter Ihnen Schriftsteller wie Alex Dreppec, Gerald Jatzek, Andreas Koch u.v.m.

Mit Fotos von Jacqueline Nolting. Mit einem Essay über die „Normalitätslüge" von Josef Hader und einer gnadenlos komischen Satire aus der Welt des Frauenfußballs von der bekannten Stürmerin und Erstligaspielerin des Herforder SV, Romina Burgheim.

Strohblumenstörung – Politische Dichtung der Gegenwart I
Hrsg. Franziska Röchter, Vorwort: Ralf Burnicki
chiliverlag 2015, ISBN 978-3-943292-24-4
336 Seiten, EURO 12,-

240 Texte von 110 Autoren, darunter namhafte und bekannte Dichter, Autoren und Kulturschaffende wie Fritz Deppert, Jan Bereska, Anton G. Leitner, Michael Starcke, Monika Littau, Thomas Rackwitz, Sigrid Lichtenberger, Alex Dreppec, Marko Ferst, Manfred H. Freude, Ralf Burnicki u.v.m. geben sich ein politisch-poetisches Stelldichein. Die jüngste Autorin war bei ihrer Einreichung 16 Jahre.

Diese Sammlung von Lyrik und Kurzprosa findet in Band II und möglichst weiteren ihre Fortsetzung (zeitlich unbefristete Dauerausschreibung, an chiliverlag (at) aol.de).